親も教師も今スグできる

子どもが変わる
〝効果的な言葉がけ〟

HATTORI HIDEO
服部英雄

幻冬舎MC

親も教師も今スグできる

子どもが変わる〝効果的な言葉がけ〟

はじめに

「ほんの少し、言葉を変えるだけで、子どもは変わりますよ」

「一字変えるだけで、子どもが変わることがあります」

と言われたら、読者はどう思われるでしょうか。

「そんな簡単に変わらないよ」

「言葉だけで、本当に変わるの？」

と、否定や疑問を抱かれるでしょう。また、

「なかなか子どもが言うことを聞いてくれないから、困っている」

「そんなに簡単なら、苦労しない」

と思われるかもしれません。

ところが、言葉がけを少し変えるだけで、子どもの言動やふるまいは、本当に変わるのです。私自身、これまでの経験から、そのような場面にたくさん出会ってきました。というのも、私はこれまで三十六年間、小学校の教育現場で教師をし、毎日子どもたちと接してきたからです。その間、三十以上の学級を担任しました。学級担任は、授業だけでなく、給食や掃除、遊びなど、学校での一日をずっと子どもとともに過ごします。

そして、昔も今も変わらないのは、一つの学級には、さまざまな子どもがいるということです。ですから、その一人一人の子どもに応じた接し方や関わり方をしなければなりません。つまり、子ども一人一人の個性を尊重しつつ成長させることが重要なのです。若い頃からそう考えて、実践してきました。

まず、一人一人の子どもを理解することに力を入れました。授業中でもその他の学校生活中でも、できるだけ個別に、そして細かく観察します。そして、気づいたことをメモに残すようにしました。それらを定期的にまとめていきました。このようにして、広く深く理解することで、子どもとのより良い関係を築くことができるようになりました。

ただ、それだけでも有効なのですが、教育技術にはさまざまなものがあります。例えば、教師としての考え方や構え、まなざしやふるまい、具体的な指導法なども身につけていくことが重要です。中でも、子どもにかける具体的な言葉に着目するようになりました。なぜなら、子どもと関わる最初の一歩は、言葉や言葉がけだからです。

新任の頃のことです。子どもに指示をどう出せばいいのかで迷ったことがあります。下手に出せば命令になってしまいます。大人も子どもも命令されるのは嫌でしょう。また、指示を出してその通りにさせてばかりでは「指示待ち」になり、自主的に行動しなくなるのではないかとも考えました。

そんなときに、ある本に載っていたことを試してみました。それは、「させたいことを直接言わない」という方法です。すると、子どもたちは、一人一人違っていましたが、自分で考えた方法で指示のねらいに合った行動をしたのです。指示の出し方を少し変えるだけで、子どもがこんなに変わるのかと実感した瞬間でした。

指示は、言葉を介して行うものです。ますます子どもへの言葉がけを追求していくことになりました。学校現場では、他にもさまざまな問題やトラブルが起きます。それらに対しても、言葉がけを工夫することで解決することができました。

もちろん、うまくいったことばかりではありません。失敗したり後悔したりしたこともたくさんあります。また、本に書いてあった通りやったけれどうまくいかない、というようなこともたくさんありました。そうしながらも、うまくいったことや効果的だったことを蓄積し、自身の教育技術としていきました。それらを体系化して整理したのが、本書となります。

本書の構成は、子どもへの言葉がけで変わる子どもたちの姿を、六つの章に分類しました。その六つとは、子どもの「聞き方」「話し方」「自主性」「自立心」「ふるまい」「思考」です。それぞれの章で、子どもたちの姿がどのように変わるのか、具体例を挙げながらまとめました。

また、それぞれの章では、まず、よく使いがちだけれど「効果のない言葉がけ」を示しました。そして、そのあとに子どもが変わる言葉がけを、それぞれ六項目ずつ挙げています。どこから読んでいただいてもかまいません。どの内容も、すぐにできて、効果が出る言葉がけとなっています。

さらに、この効果が出る言葉がけは、親や教師だけでなく、あらゆる「教える」立場の人にも役に立つのではないかと思います。例えば、上司として若手を育成するような立場の方、コーチとして選手を育てるような方などです。本書の「子ども」を「若手」や「選手」に置き換えて読んでいただければ、同じ効果を期待できると思います。

それでも、具体性に欠けているところや、分かりづらいところも多いと思います。まだまだ改善しなければならないところもあるでしょう。それらについては、できるだけ多くの方に読んでいただき、ご批評いただいて、改善していきたいと思います。忌憚のないご意見をいただけたら幸いです。

目次

Ⅰ　子どもの聞き方が変わる

1　効果のない言葉がけ

【1】忠告や助言すること

私たち教師や親は、つい子どもにアドバイスをしてしまいます。

「宿題は、帰ってきてすぐした方がいいよ」
「けんかをしたら、早く謝って仲直りするのがいい」

しかし、子どもは、これらを聞こうとはしません。なぜなら、子どもがそのような忠告を必要としているとは限らないからです。

大抵の場合、大人たちは、子どもにとって良かれと思って忠告や助言をします。あるいは、自分の論理や理屈で子どもに言いがちです。もちろん、それらが正しいこともあるかもしれませんが、子どもがどれだけ実感を持って聞くかは分かりません。つまり、大人にとって良いと思われることが、子どももそのまま良いと考えるかどうかは分からないのです。

また、子どもの関心が、全く別のところにある場合もあります。あるいは、もうすでに子ども自身が分かっている場合もあります。そのような状況で忠告や助言をされても、くどくどとお説教されているような気分になるだけで、素直に聞こうとはしません。

さらに、忠告や助言が「べき論」になってしまうと、ますます聞こうとはしなくなります。「べき論」というのは、次のようなものです。

「宿題は、帰ってきてすぐやるべきだ」
「けんかをしたら、早く謝って仲直りするべきだ」

これらは、大人の価値観を押しつけることになります。特に、子どもが思春期を迎えている場合、価値観を押しつけられると反発するようになります。その時期は、自立に向けて成長している途中なので、何かを押しつけられることに反発・反抗するのです。これでは、親や教師の言うことを素直に聞くはずがありません。聞くことをやめた子どもは、「大人って分かってくれない」「大きなお世話」のような感情しか持たなくなるのです。

以上のような一方的ともいえる忠告や助言は、子どもの聞き方を変えることはないのです。しかし、有効な場合もあります。それは、子どもから大人の忠告や助言を求めてきたときです。

「これとあれ、どっちがいいかな？」
「こんなとき、どうしたらいいと思う？」

このようなときでも、一方的な忠告や助言は効果がないのは言うまでもないでしょう。また、大人目線や上から目線で押しつけるような忠告や助言も、子どもの感情を逆撫でするだけで、子どもは聞いてくれません。

やはり、子どもの側に立って、一緒に問題を解決しようという姿勢で話し合うのが効果的です。この「子どもの側に立つ」というのが重要で、子どもと同じ立場や感情で解決策を探すようにします。

【2】否定的な予言をすること

大人が子どもを説得するときに、よく使うのがこれです。否定的な予言です。といってもピンとこないかもしれません。具体的に例を挙げましょう。

「このままでは、中学校に行って困ることになる」
「こんなことをしていたら、ろくな大人にならないぞ」

これらは、大人が子どもを説得するとき、その根拠が正しいことを伝えるためによく使う言葉です。このような大人だけが知っていることを言葉がけに含めることで、その根拠が正当なものであることを示そうとしているわけです。

しかし、これも効果がありません。なぜなら、子どもは、「今」「ここ」に生きているからです。子どもが幼ければ幼いほど、その傾向が強いといえます。

これが、大学生や社会へ出る直前の生徒や学生に言うのなら、多少は効果がありますというのも、彼らは将来をある程度見据えているからです。将来について考えている者にとっては、ある意味説得力があるのです。

しかし、いくら説得力があっても、聞いた本人が納得するかどうかはまた別の問題です。やはり、納得しないと素直に聞き入れてくれないでしょう。また、この説得を何度も繰り返して聞くようになると聞き飽きてしまい、反感すら抱くようになります。

（そんなこと、言われなくても分かっている）

（いつもいつも、おんなじことばかり言って……）

大人である教師や親は、彼らより人生経験が豊富です。実際に自身が体験したことや、本やさまざまなメディアから収集した情報などが、子どもより多いわけです。ですから、それをもとに説得しようとします。あるいは、一般論や常識論から導き出したことを伝えようとする場合もあります。

もちろん、そうした説得は、子どものために良かれと思ってすることでしょう。ただ、大人の言う通りにさせよう、大人の思い通りにさせようと説得するのは、子どもに無理強いさせようとすることであり、論外です。

目の前の子どもは、「今」「ここ」に焦点化して生活しています。ですから、そんな先のことを言われても、納得できないのです。納得できないのは、遠い未来のことを理解できないし、イメージできないからです。

あるいは、そのときの大人の言い方や態度から、強要しようとしている意図が分かってしまう場合もあります。そうなると、子どもは言いくるめられたくない気持ちや反発する心情から、聞こうとしなくなります。

ですから、子どもの「今」「ここ」で何が起こっているのかを理解しようとしなければなりません。そして、それに直接働きかけることが重要なのです。

以上のように、否定的な予言を含む言葉がけが、子どもの聞き方を良い方に変えることはありません。つまり、効果のない方法なのです。

2　子どもが聞いてくれる言葉がけ

【1】「私」を主語にしたメッセージ

この言葉がけは、「私メッセージ」とか「I（アイ）メッセージ」とか呼ばれるものです。これらは、メッセージの主語を「私は（が）」にした言葉がけをするということです。普段の会話では、主語が省かれることが多いのですが、主語を「私は（が）」と想定した言葉がけは、省かれない言葉がけと同様のものとなります。

親や教師が子どもに言葉がけをするとき、多くの場合、「あなた」や「君（お前）」

などの二人称が主語になりがちです。

「もう、いい加減にしなさい」
「いつまでもゲームしていないで、勉強しなさい」
「そんなことはやめてちょうだい」

これらの主語は省かれていますが、全部目の前の子どもを想定した二人称です。いい加減にするのは子どもです。また、ゲームをしているのも勉強するのも子どもです。もちろん、そんなことをやめるのも子どもです。

このような言葉がけをしていると、子どもは「また自分に、ああしろこうしろと、言っている」や「無理やりやらせ（やめさせ）ようとしている」と感じるでしょう。そして、「私のことなんて、ちっとも分かってくれない」と思い、大人側の言葉がけを聞いてはくれません。

そこで、主語を「私」に置き換えます。

「いつまでもそうやっていると、（私は）嫌になってしまう」
「すぐに勉強に取りかかると、（私は）安心する」
「（私は）そういうのは嫌いだ」

主語が「私」であることから、それを聞いている子どもは、自分に命令されたり無理強いされたりしているようには思いません。それよりは、大人の心情や気持ちを知ることになり、その気持ちに寄り添って聞くようになります。

もちろん、これらの言葉がけに反発して「そんなのそっちの勝手でしょ」と思うこともあるでしょう。このような反応が見られるとき、それは子どもとの関係に問題があります。まずは、それを解決する必要があります。子どもとの関係をより良くするのも、子どもにかける言葉です。つまり、言葉がけを変えることで、子どもとの関係も変わるのです。

さて、「私」を主語にした言葉がけを聞いた子どもの多くは、「嫌な気持ちにさせないようにしよう」や「安心してもらおう」「嫌いなことはやめよう」と思います。そして、子どもは自ら、行動を修正するようになります。

つまり、この言葉がけが有効に働き、子どもたちが変わったといえます。同じ内容の言葉がけでも、主語を「私」にして言い換えるだけです。そうするだけで、子どもの聞き方が全く違ってくるのです。

【2】「何を話そう」から「何を話さないか」へ

大人や教師が子どもに何かを話すとき、「何を話そうか」「どのように話そうか」ということに意識が向きがちです。それは、当たり前といえば当たり前です。なぜなら、話したいことがあるから話すわけだからです。ですから、それらをどう話すかということが大切になります。

校長先生の話

「いよいよ六月になりましたが……。……（今の分かりにくかったかな、言い換えよう）……（これも付け加えておかなければ）……（ああそうそう、こんなこともあったな）……（ちゃんと聞いているのか。注意しなければ）……（その話の聞き方は何だ）お説教が始まる……（最後にもう一度繰り返しておこう）……」

あらかじめ話す内容を決めていないと、こうなりがちです。決めていても、子どもの反応から次々と話す内容が増えていき、結果的に長い話になってしまいます。当たり前ですが、子どもは長い話を嫌います。

にもかかわらず、大人は、自分の伝えたいことをちゃんと聞いてもらおうと、詳しく説明したり付け加えたりします。また、話しているときにふと思いついたことも伝えたくなり、話はどんどん長くなっていきます。そのうち、子どもは話の長さが嫌になり、曖昧な反応や態度を示します。そうなると、話している親や教師は、その反応や態度に対する注意や説教を始めるようになります。ますます話が長くなるのです。こうして悪循環に陥ってしまいます。

また、事前にこんなことを話そう、まずこれを話して次にあれのようにと、話す内容を決めることもあるでしょう。ただ、このときも、「これを話そう」「あれも話そう」「このことも言った方がいいかな」のように考えると、話す内容がどんどん増えてしまいます。つまり、「何を話そう」と考えると話す内容が増え、話が長くなるのです。

そこで、発想を転換します。「何を話そう」ではなく、「何を話さないか」と考えるようにするのです。

（このことも話したいけれど、今回は話さない）
（こんなこともあるけれど、これは話さない）

このように考えます。

この「何を話さないか」というのは、あらかじめ考えておいてもいいし、実際に話している途中に考えてもかまいません。前述の校長先生の話でも、途中で話すことを増やしています。そうではなくて、話している途中に「この話は今やめておこう」のように、「話さない」ことを決めるわけです。

「何を話そう」は話す内容の足し算になります。それに対して、「何を話さないか」は引き算になります。引き算の方が話は短くなり、子どもの聞き方が変わります。それに加えて、話を聞いている子どもの心情や状況に寄り添うことで、子どもの聞き方は変わってくるのです。

[3]「、」で切らずに「。」で切る

話が長くなったり話の内容がよく分からなかったりする人には、共通点があります。それは、話を句点で区切らずに、読点で次々とつないでいく話し方です。

「昨日のことなんですが、ちょうど帰ろうとしていたときにですね、急に電話がかかってきて、誰からだろうと思っていると、間違い電話でね、相手は何も言わずに、切ってしまって、失礼なやつだなと思ったんですが、まあ仕方がないかと思い直してね、鍵をして、出ようと思ったら、忘れ物をしていることに気づき、また鍵を開

けて、中に入って……」

延々と読点「、」でつないで、話が延びていっています。それだけでなく、どこまで続くのか分からず、聞く意欲がなくなっていきます。それは、子どもも同じです。話が長く終わりが見えないと、聞く意欲は下がってしまうのです。

このような話し方をすると、何が言いたいのか分からなくなるばかりか、論理的な話ができなくなります。なぜなら、話や文章の論理は、「つなぎ言葉」で生まれるからです。「順接」なのか「逆接」なのか、あるいは「理由」「結果」なのか、これらを示すのが「つなぎ言葉」です。

文章を読点「、」で切っていては、「つなぎ言葉」を使うことはできません。句点「。」で切ることで、「つなぎ言葉」を使うことが必要となり、それらを適切に使うことで、論理的な話ができたり分かりやすい話になったりするのです。

句点を使って先の例を直すと、次のようになります。

「昨日のことです。ちょうど帰ろうとしたときに、電話がかかってきました。誰からだろうと思っていると、間違い電話でした。しかも、相手は何も言わずに切ってしまったのです。ですから、失礼なやつだなと思いました。それでも、仕方がありません。思い直して鍵をかけて出ようとしました。すると、忘れ物をしていることに気づきました。また鍵を開けて中に入りました」

先の例と比べて、どうでしょうか。こちらの方がまとまっていることが分かります。そして、話自体が聞き取りやすそうだし、話の内容も理解しやすそうです。また、短い文で区切っているので、リズムも生まれています。さらに、「つなぎ言葉」があることで、文と文の関係が明確になっており、その後の話の展開も予測できます。

話をするときには、「句点」で区切り「つなぎ言葉」を活用するようにします。この方法は、子どもの「話すこと」や「書くこと」にも効果があります。子どものスピーチや作文の学習のときに、「句点」と「つなぎ言葉」を意識して用いるように指導します。ただし、「つなぎ言葉」だからといって、「そして」を連発するのはだめです。子どもの作文にもよく現れるので、「そして病」などと呼ばれることもあります。これは、文と文の関係をきちんと把握していないことを示しています。あるいは、「そして」が口癖のようになっていることも考えられます。「読点」で区切るのと同じで、話が長くなるとともに内容の論理性も失われてしまいます。

以上のように、「。」で区切って話す。それが、聞き手である子どもにとって、聞きやすく分かりやすい話となり、聞き方が変わるのです。

［4］「言いたいことが三つあります」

［2］や［3］の悪い例では、思いつきで話を付け加えていくという、良くない話し方が見られます。これは、話す前にその内容をきちんと決めていないということも原因の一つと考えられます。

このような話し方をしていると、最初話していたことから、どんどんずれていき、一体何の話をしていたのか分からなくなります。そして、話し終わると、全く別の内容になっていることも、しばしば起こってしまいます。

そこで、最初に「今日は、三つのお話をします」や、「言いたいことが三つあります」と伝えてから、話すようにします。


「言いたいことが三つあります。

一つ目は、あいさつのことです。最近あいさつがきちんとできていません。あいさつは……。

二つ目は、掃除のことです。掃除は一生懸命することはもちろんです。それだけでなく……。

最後に三つ目は、お手伝いのことです。お手伝いを自ら進んでやっていますか……。

以上、あいさつ、掃除、お手伝いの話をしました」


話の内容がはっきりしていて、聞きやすくなります。それが、子どもの聞き方を変えていきます。

聞き手である子どもは、話を聞きながら、「今が一つ目で、次が二つ目」や「あと一つで話が終わる」のように話の見通しを持つことができます。この見通しが話を聞く意欲につながり、子どもの聞き方を変えるのです。

また、この話す内容を三つに限定するということが、話し手の考え方や意識も変えます。［2］の「何を話さないか」という考え方をうながしていくからです。あれもこれも「何を話そうか」では、三つに限定することができません。

また、一つ一つの話では、［3］の「句点」で切って、「つなぎ言葉」を活用するようにします。三つに限定しても、一つ一つの話が「読点」でだらだらと長くなってしまっては、元も子もありません。

ところで、この場合、「三つ」と限定していますが、実はこれが重要なのです。「一つ」や「二つ」なら、前もって「いくつ」と伝える必要がありません。それぐらいなら聞き取るのに苦労もなく、聞くことの意欲も下がることはありません。また、内容を正確に聞き取るのも難しくないからです。

前もっていくつ話すかを言えばいいからと、「四つ」「五つ」「六つ」と増やすのも、あまり効果がありません。

（えー、五つもあるの？）
（六つも覚えるの、大変だ）

このように子どもは、思ってしまいます。この思いに聞く意欲の低下を見出すのは、そんなに難しくはないでしょう。

そのため、三つぐらいが、聞き手の記憶に留めさせるのにちょうどいいといえます。子どもの聞き方を変えるとともに、覚えやすくするのにも有効な話し方なのです。

【5】「今から〇分で話します」

聞き手に、話の見通しを持たせる方法の一つです。その意味では、［4］と共通するところがあります。それは、どのくらいの時間で話すかということを、話す前に伝えることです。

よく実践していたのは、次のようなものです。

「今から三分で話します。三分なら、インスタント麺が出来上がるまでの時間です。ですから、それぐらいの時間なら集中して聞けるでしょう」

「今から三分で話します」と前置きするだけで、子どもはこちらの意図である「集中して聞く」ということを理解するようになります。そして、途中で気をそらしたり、無駄話をしたりせずに話を聞くようになります。つまり、子どもの聞き方が変わるのです。

ただし、「三分」と言ったら、「三分」を超えてはいけません。聞いている子どもは、（三分って言ったのに……）や、（言ってることと違う）のように思ってしまうからです。そうなれば、大人に対する信頼は失われることになります。次から「三分」と前置きしても、（どうせ、三分で終わらないんだろ）と思い、聞くことへの集中力が低下してしまいます。

逆に、前置きした時間より早く話が終わるのは、問題がありません。子どもは、短い話を歓迎するでしょう。また、話が短ければ、意欲も理解度も低下しないことは、これまでに述べた通りです。

実は、この前置きは、話す側にも効果があります。言った通りの時間で話さなければならないということは、それが話す制限となるのです。また、それが、話の内容を精選させます。さらに、三分以内にまとめようとするので、話し方も変わります。

このとき、時計できちんと時間を計ります。最近は、身近なところに時計があり、腕時計をしない大人も少なくないと思います。しかし、きちんと腕時計をし、それで時間を計るということが大切なのです。

どうしても腕時計は嫌だという場合は、タイマーやストップウォッチを活用してもいいでしょう。そうすることで、三分という制限がより厳正化され、それをきちんと守ることで、教師と子どもの間に信頼関係が生まれます。

また、この話し方をすることで、話し手である親や教師の時間感覚が鋭くなります。

よく、プロのボクサーが、三分間のスパーリング練習をすることで、三分という時間感覚が身につくといわれます。時計を見なくても、三分という時間が分かるようになるらしいのです。同様の時間感覚は、他のスポーツでも身につくそうです。それらと同じように、大人たちにも時間感覚が身につくようになるわけです。

そして、その時間感覚は、教師であれば、授業終了時などに役に立ちます。授業終了の少し前に、時計を見ます。あと○分だなと把握したら、その後のおよその時間が分かるようになるのです。その効果は、時間通りに授業を終了することを可能にします。「それでは、これで授業を終わります」と言ったときに、時計を見なくてもちょうどチャイムが鳴る、というようなことも可能なのです。チャイムが鳴っても授業が終わらず時間を延長すると、子どもの学習意欲は一気に低下します。逆に、チャイムと同時に終われば、意欲を維持できるばかりか、「すごい」とまで思ってくれます。

【6】聞き手を引きつける話し方

聞いている子どもを引きつける話し方がいくつかあります。

まず、**話の最初に情動的なことを示す**方法です。例えば、子どもが面白いことや不思議だと思うことを、前もって示す方法です。そうすることで、子どもは興味や関心を持って話を聞くようになります。

「昨日、こんな面白いことがありました。それは……」

「とっても不思議なことなんだけど、……」

ただし、この方法では、子どもが聞くことのハードルを上げるというマイナス面があります。その結果、話の内容が聞き手にとってたいしたことではない場合、子どもは聞くことに集中しなくなります。ですから、話す内容を吟味し、初めに示したことに見合うものを用意しなければなりません。そうすれば、子どもは興味や関心をなくすことなく話を聞きます。

次に、**ユーモアを含んだ内容の話**をすることです。子どもが、つまらない話より面白い話の方を好んで聞くということは明らかです。それだけでなく、このユーモアというのは、子どもが聞いているかどうかを判断するのにも有効なのです。

大人は、話している途中に、子どもに聞いているかどうか注意することがあります。また、話の最後に理解できたかどうか確認することもあります。

「ちゃんと聞いてる？」

「それで、言っていることは分かった？」

話が面白くて子どもが笑っている場合、それを注意しなくても、聞いていることを把握できます。また、オヤジギャグなどに子どもが冷めた反応をしていても、それも聞いている証拠になります。さらに、子どもが分かるように話すことが前提なので、最後に確認するのもいけません。子どもが分からない、分かりにくい話を、無理やり分からせようとしていることになるからです。

最後に、**リアルな経験やエピソードの話**をするという方法です。これは、聞き手を引きつけます。教師を何年かやっていると、いろいろな経験をします。また、親などの大人も、たくさんの経験をしています。それらをリアルに話すことで、聞き手を引きつけることができます。具体的には、一人で何役もやるような落語的手法を用います。

このリアルな経験ですが、実際に経験していなくてもかまいません。それを実際にあるような、リアルなストーリーとして話すことで、聞き手を集中させることができます。それは、本の読み聞かせの効果と同様です。

リアルな経験談は、教師の場合、聞き手が保護者でも有効です。参観日のあとの懇談会などで、保護者の方々の興味を惹くのは、子どものリアルな姿です。ですから、それらをストーリー化して話すことで、しっかりと聞いてもらうことができます。そこにユーモラスな内容があれば、より効果的です。（先生の話は面白くない）という反応から、（面白くて、楽しい）というように転換することができるのです。

Ⅱ　子どもの話し方が変わる

1　効果のない言葉がけ

【1】「怒らないから……」

子どもが悪いことやいけないことをしたときに、大人は、何があったのか、なぜそうしたのかを聞きたくなります。そこで、次のように言葉をかけます。

「怒らないから、何があったのか言ってごらん」
「叱らないから、どうしてそうしたのか言ってごらん」

親や教師は、詳しく知りたいと思い、「どうしたのか？」や「なぜ？」などと問いかけます。しかし、この問いかけを聞いた子どもは、それだけで叱られているような気分になります。そんな気分で、大人の問いに素直に答えるわけがありません。ですから、大人は「怒らないから」「叱らないから」と前置きをしてから聞くようにするわけです。

これらの言葉を初めて聞いた子どもは、叱られないなら、と正直に話します。そのときに大人がきちんと受け止めれば、子どもは次からも正直に話すようになるかもしれません。きちんと受け止めるとは、後述するように共感的な言葉がけをすることです。

「そうか、そんなことがあったのか。つらかったね」
「なるほど、そういうわけなら、理解できるよ」

しかし、子どもが正直に話したのにもかかわらず、大人たちは子どもを叱ったり怒鳴ったりすることがあります。それは、子どもの話の内容が想定を超えるものであったり、怒りを感じるようなものであったりする場合でしょう。「怒らない」と言っておきながら、つい叱ってしまうのです。

時には、大人の知りたいという気持ちと、子どもの話したいという気持ちが一致しないことも考えられます。この不一致を無視して無理やり聞き出そうとすると、子どもはますます話さなくなります。すると、大人は声を荒げたり、叱責したりしてしまうのです。

そうなると、子どもは、次のように思います。

（叱らないと言ったのに、嘘だった）
（もう次からは、正直に話さない）

このような経験をした子どもは、当然ですが次回からは何も話さなくなります。そして、これが何度も繰り返されると、子どもは、話しても叱られると決めつけ、ますます話さなくなります。それだけでなく、子どもが大人の言葉がけを否定的にとらえたり、大人との関係が悪くなったりするようになります。そうなると、大人の問いかけに素直に答えることはほぼ不可能となってしまいます。

やはり、「怒らないから」「叱らないから」と言うのであれば、きちんとそれらを守らなければなりません。ある意味、これらは子どもとの約束なのです。その約束をきちんと守ることは当然です。もし、守るのが難しいと予見される場合は、そのような言葉を言うべきではありません。子どもに嘘を宣言しても、いいことは何もないのです。

【2】質問

教師や親は、子どものいつもと違う様子を見ると、質問したがります。例えば、家に帰ってきたときのことです。

「ただいま〜」

「（あら、いつもと感じが違うわ）どうしたの？」

「別に」

「別にって……。どこか元気がないじゃない。学校で何かあったの？」

「何でもないって！」

「何でもないことはないでしょ。何があったの？」

子どもの様子から、つい質問してしまいます。

また、教師も、子どものあいさつの声が小さいときや様子がいつもと違っているときに、次のように尋ねがちです。

「どうしたの？　何かあった？」

「なぜ、そんなことをしたのか？」

しかし、これらの質問に子どもが素直に答えるかというと、そうとは限りません。特に、何か感情的な事情があるようなときは、「別に」や「関係ない」などの答えが返ってくるのです。これらは、質問に答えるのが面倒なときの反応です。

そして、そのような返答をされると、大人は「そんなことはないでしょ。何があったの？」や「心配だから聞いているの、どうしたの？」と質問を重ねていきます。そうすると、子どもはますます答えなくなってしまい、答えないからまた質問をする、という悪循環になってしまいます。

また、質問された子どもが、どう答えればいいか分かっていないこともあります。何かもやもやしていたり、何となく気分が沈んでいたりするようなこともあるわけです。その場合、子どもは質問攻めを回避するために、適当な返答をしたり、大人が納得するような答えを言ったりします。

そもそも質問するということは、相手のことを理解していないことが前提となっています。分かりやすいのが職務質問です。警官が不審者に対して質問するのですが、それは相手を理解していないから問いただすのです。これと同様なことが、「質問―応答」に当てはまります。つまり、質問された子どもは、大人から理解されていないと感じるのです。

その結果、反抗的になったり、本当のことを言わなかったりということが生じます。特に反抗期や思春期の子どもは、それらを敏感に感じます。そして、素直に答えることもしません。これを繰り返していると、子どもとの関係が悪くなっていきます。

子どもを理解しようと質問しているのに、質問することで理解していないことが子どもに伝わってしまうというのは皮肉です。そして、質問を重ねることで子どもとの関係を悪くするというのも本意ではないでしょう。やはり、質問することでは、子どもの「応じ方」はより良いものに変わらないのです。

2　子どもが話したくなる言葉がけ

【1】共感的な言葉がけ

子どもの不登校が社会問題化して久しいように思います。子どもが、登校したくないとなったとき、どんな言葉をかけますか？

おそらく、「どうして行きたくないの？」や「学校で何か嫌なことがあるの？」のように子どもに質問するでしょう。しかし、質問すること自体が良くないのは、前述の通りです。そこで、次のように、言葉がけを変えます。

「そうか、学校へ行きたくないか」
「勉強も大変だろうし、嫌なこともいろいろあるだろうね」
「友達とうまくやるのも、難しいだろうな」

　質問をするのではなく、まずは、そのときの子どもの様子を受け止めます。そして、その状況や心情を慮《おもんぱか》って言語化し、子どもに返します。

　これらは、推量であり、正解ではないことも多々あります。しかし、このように言葉がけをすることで、子どもは、その推量が当たっていれば、「そうなんだ、実は……」のように話してくれます。また、その推量が外れているときには、「いやそうじゃなくて、実は……」のように話してくれます。

　実際に、登校を行き渋る子どもを担任したことがあります。子どもが学校に行きたくないと言っているので、その子の家に行きました。子どもは、保護者の質問に頑なな態度を示していました。

それを見て、「勉強が面白くないこともあるよね」や「友達ともうまくいかないこともあるよね」のような、共感的な言葉がけをしました。すると、その子どもは、それまでの態度を変えたのです。そして、担任である私の話を聞こうとするとともに、態度を柔軟にして自ら話し始めたのです。

その様子を見て、「教室が嫌なら保健室にいるということもできるよ」のように、登校の他の方法を提案しました。すると、子どもは素直に学校に来たのです。そして、その次の日も同様に、保健室登校ではありましたが登校するようになりました。と同時に、その子は自分のことを自ら話すようになり、その話からさまざまな問題を持っていることが分かりました。その後、以前と同じく、教室に登校することができるようになりました。

不登校の理由はさまざまであり、いつもうまくいくとは限りません。それでも、共感的な言葉がけは子どもに寄り添っています。その子どもとの距離感が違うのです。共感的な言葉がけをするとき、大人は子どもと同じ側にいます。

また、不登校以外のさまざまな場面や状況でも、質問するのではなく、共感的な言葉がけをするようにします。例えば、けんかなどのトラブルが生じたときや、約束を守らなかったようなとき、つい叱ってしまいそうになるようなときなどです。

子どもに尋ねたくなったときは、その気持ちをぐっとこらえます。そして、それに換わる共感的な言葉がけをすることで、子どもの話し方は変わるのです。

[2]「気持ちは分かる、でも」からの脱却

共感的な言葉がけは、それほど難しいことではありません。当て推量でいいので子どもの心情を言語化して、子どもに話しかければいいからです。ただ、そののち、どのような言葉をかけるかで、子どもの話し方は違ってきます。

そのときのうまくない話し方が、共感的な言葉がけをしたあとの「でも」です。「でも」は、逆接のつなぎ言葉です。

「悲しいんだね。でも、いつまで泣いてても仕方ないよね」

「腹が立った気持ちは分かる。でもね、それぐらいは我慢しないとね」

これらの話し方や言葉がけは、子どもの感情を収め、次に向かえるようにすることを意図しています。気持ちは理解したから、次のことを考えさせようとしているわけです。つまり、感情的になっている子どもを落ち着かせ、そこから立ち直れるような、そして次へと進めるような言葉がけなのです。

しかし、その意図が子どもにはうまく伝わりません。その原因が、「でも」です。いくら子どもの心情に共感しても、そのあとに「でも」と続くと、共感していたことを否定することになってしまいます。そうなると、子どもは大人に共感されたとは思いません。もちろん、大人や教師側はそのつもりはないかもしれません。しかし、聞いた側の子どもは、そのように感じ取ってしまうのです。

その結果、子どもは、「やっぱり、分かってくれない」や「結局、お説教なの？」と受け取るようになります。これでは、子どもの話し方は変わりません。

そこで、共感したあとには、「でも」に変わるつなぎ言葉を用います。それが、「それで」や「だから」、「それなら」です。

「悲しいんだね。それなら、もう少しその気持ちのままでいいよ」
「腹が立った気持ちは分かる。それで、どうすればいいかなぁ」

「でも」だと共感を否定したり説教っぽくなったりしますが、「それなら」や「それで」はそうなりません。

前者は、共感しつつ、子どもの感情を肯定的に受け止めようとしています。これは、次へ進むことを急いでいません。それよりは、子どもの感情を大切にしようとしていることを子どもに示しています。

また、後者の「どうすればいいかなぁ」は、質問ではなく、大人が自問しているような言葉がけです。これは、子どもの心情に共感しつつ、次への進み方を子どもと一緒に考えています。つまり、子どもと同じ側にいることを子どもに示しているのです。

どちらも、「でも」で共感を否定せず、子どもの感情を受容したり子どもの側に立ったりしています。それが、「それで」や「だから」、「それなら」のつなぎ言葉の効果です。ですから、共感したあとは、「でも」を使わないようにしなければなりません。そうすることで、子どもの話し方が変わります。

【3】独り言のような言葉がけ

共感的な言葉がけも、押しつけがましいような話し方や畳みかけるような言い方では、子どもは素直に応えてくれません。言葉がけの内容も大切ですが、その話し方や言い方も重要なのです。


「何か嫌なことがあったんでしょ。そんな顔してる」

「テストがうまくいかなかったのね」

「友達付き合いが、ホントうまくないんだから」

これらの言葉がけは、共感しているように見えて、大人側の決めつけや推量を押しつけているようにも聞こえます。そうすると、子どもは、その言葉を素直に聞くことができず、その言葉がけに対して本音を話すことがなくなります。

そのような話し方ではなく、子どもに話すでもなく独り言を話しているようにするのが効果的です。相手に突きつけるような言い方ではなく、ぼんやりとつぶやくように話します。

「まあ、嫌なこともあるよねぇ」
「テストかぁー、いつもうまくいくとは限らないよねぇ」
「友達とうまくやるのって、難しいよねぇ」

このように独り言のように言うと、聞いた子どもは、自分に直接話しかけられたようには感じません。それでいて、その話の内容は耳に入ってくるので、それを素直に聞いたり受け入れたりします。その結果、本当の話や本音を自ら語り始めます。

独り言のように話すというのは、相手意識を曖昧にしてぼんやり話すことです。それ自体間接的で、直接的な効果がないように思われるかもしれません。しかし、間接的で曖昧な話や言葉がけの方が、子どもは、決めつけられてはいない、口うるさく言われていないという意識に自然となります。そして、言葉がけに対して、穏やかに、そして素直に応えてくれるのです。

さらに、そのような話の中に、子どもの様子や状況と全く関係のない話を入れると、より効果的になります。

「おやつが棚に置いてあるから食べていいよ」
「麦茶が冷えているので飲む？」

学校教育の場でも同様です。登校に遅れてきた子どもに対して、その気持ちに共感するとともに、関係ない話を付け加えます。

「登校前ってバタバタするよね。先生も朝は苦手だなぁ。そうそう、今日の体育は跳び箱だったね」

このように話すことで、話自体が柔らかくなり、子どもは話の内容をより受け入れやすくなります。すると、子どもは、自然と話しやすくなります。つまり、子どもの話し方が変わるのです。

【4】あいづち

子どもが話すときに、話しやすくさせる方法の一つに、あいづちがあります。子どもの話の切れ目に適切なあいづちを入れることで、子どもは話しやすくなります。逆に、あいづちを全くしないと、話している子どもは大人がちゃんと聞いているのかどうか分からなくなります。ちゃんと聞いてくれていないと判断した子どもは、それ以上話さなくなります。

あいづちは、学校教育の授業で子どもが発表するときにも効果があります。適切なあいづちを打つことで、子どもが発表しやすくなるのです。「適切な」と述べたのは、適切ではないあいづちもあるからです。

「はい、ぼくは、この言葉から」
「へー」
「面白いなと思い」
「ふーん」
「最後まで楽しく読めました」

この「へー」や「ふーん」というあいづちは、何気なく使ってしまいがちです。しかし、これを聞いた子どもは、「興味がなさそうだな」「ちょっとバカにされている感じがする」というように思います。そして、このように思った子どもは、自ら話さなくなっていきます。もちろん、言い方やトーンでそう思われないこともあります。

では、「適切な」あいづちとはどんなものでしょうか。それが、「ほう」です。子どもが話したり発言したりする合間に、「ほう」や「ほうほう」などのあいづちを入れるのです。これは、あるカウンセラーの方の話からヒントをいただきました。

「患者が一番よく話してくれるあいづちは、『ほう』です。『ほう』は、そのイントネーションを変えるだけで、こちらが感動していることや疑問に思っていることを伝えることができるのです」

カウンセラーの先生は、カウンセリングを行うときに、患者自ら話すように仕向けます。その自ら話すということに治療の効果があるからです。そして、たくさんの患者の経験から、そのように話されていました。

それをヒントに授業で使うようにしました。すると、子どもの話し方が少しずつ変わっていったのです。

例えば、「ほー」と伸ばして使うと感心していることを、「ほう？」と語尾のイントネーションを上げるともっと聞きたいと思っていることを、また「ほうほう」と重ねて使うと、なるほどと思っていることなどを子どもに伝えることができたのです。そして、それを聞いた子どもがそのあいづちに応じて、話を続けたり付け加えたりしていきました。

もちろん、「ほう」ばかり使わなくてもいいと思います。「はい」や「うん」などもあいづちになります。また、「へー」や「ふーん」も、心から感心したり興味深く感じたりしたときには、用いてもいいと思います。それらも使いながら、「ほう」をうまく活用するようにします。

大切なことは、こちらの気持ちをうまく伝えるあいづちがいいということです。そして、きちんと気持ちを伝えることで、子どもの話し方も変わってくるのです。

【5】おうむ返し

子どもが何か話しかけると、大人はついつい評価の言葉や助言の言葉、時には説教の言葉を投げかけがちです。

「今日ねぇ、友達とけんかになって、それでとっても嫌な気持ちになったんだ」

「それは、あなたがよくないんじゃないの」（評価の言葉）
「そんなときは、～と言った方がよかったね」（助言の言葉）
「そんなことをするから、相手は嫌な気持ちになるんだ」（説教の言葉）

しかし、このような評価、助言、説教などの反応を聞いた子どもは、その後口をつぐんでしまいます。というのも、子どもは、そんな反応を望んでいないからです。子どもは、やはり理解してほしいと思っています。つまり、自分と同じ側にいてほしいと思っているのです。

それに反して、評価、助言、説教などは、子どもと同じ側にいれば出ることがない言葉がけです。同じ側というより、相対峙した立場の言葉がけなのです。このことを大人は、あまり意識していません。むしろ、「あなたのために」のような気持ちで言葉がけをしています。しかし、子どもにはそのことが伝わらないのです。

そこで、評価や助言、説教ではなく、子どもが言ったことをそのままおうむ返しします。

「今日ねぇ、友達とけんかになって、それでとっても嫌な気持ちになったんだ」

「そうか、けんかをしたのか。それで嫌な気持ちになったんだね」

子どもが話した内容をそのまま言葉にして、子どもに返します。そうする方が、子どもは、ちゃんと聞いてくれた、理解してくれたと思います。

そして、子どもの頭の中がぐちゃぐちゃしたり、気持ちがもやもやしたりしているとき、おうむ返しするだけで、そのぐちゃぐちゃを整理したり、もやもやをはっきりさせたりすることができます。

「うまく言葉で言えないんだけど……」

「そうか、うまく言えないんだね」
「あっ、でも、そのとき腹が立ったことは間違いない」

このように、おうむ返しをすることで、子どもは何かに気づいたり、次の話を見つけたりします。そして、自ら話すようになります。ただ、ずっとおうむ返しだけをしていると、それは変な会話となってしまいます。そして、話している子どもは、自分が言ったことをただ繰り返しているだけだと思い、話す意欲が湧かなくなります。

ですから、一番分かってほしいことや共感してほしいこと、あるいは頭の中が整理できていないことなどに対して、おうむ返しをするようにします。また、おうむ返しするとき、「こう言いたいんでしょ」や「～と言おうと思ってるんだね」のような予測や推測は必要ありません。そんなことをしなくても、子どもの言ったことをそのまま繰り返すだけで、子どもは自ら話してくれるようになるのです。

[6] 水を向ける

子どもが話そうとするとき、なかなか言葉にならず、言葉に詰まってしまうときがあります。これは、親子で話しているときも、また授業で話し合いをしているときにも、あることです。そんなとき、教師や親、つまり大人はどのように言葉をかければいいのでしょうか。

「早く言いなさい。いつになったら話すの？」
「いつまで黙っているの。いつもそうやって黙っているんだから」

子どもは、自分の言いたいことがうまく言葉にできずに立ち止まっていることが多いのに、それを大人が急かしても効果はありません。また、叱責や評価も効果がありません。叱責したり評価したりすることで、話したいという子どもの意欲はどんどん低下していくからです。

そこで、効果的な言葉がけが、「水を向ける」という方法です。これは、子どもが言おうとしていることを推し量って、その話し始めをこちらから言葉がけするという方法です。例えば、友達と何かあったと推量できれば、その話のとっかかりを作るようにします。

「それで、友達と？」
「そうそう友達と、口論になって……」

このような言葉がけを「水を向ける」といいます。「水を向ける」という言葉を辞書などで調べると、『相手があることを話し始めるようにうまく仕向ける。また、関心をそちらに向けるように持ちかける。さそいかける』のように説明されています。

まさに、子どもが話し始められるように、その話のとっかかりを作るわけです。それを子どもが手がかりにしたりおうむ返ししたりすることで、話しやすくなります。そして、例に示したように自ら話してくれるのです。

これは、教師であれば授業で役に立つ方法です。子どもが発表するときの支援として活用できます。次に紹介するのは、参観日の授業や研究授業などで、子どもが発表するときに、しばしば見られる光景です。

子どもは、いつも以上に頑張ろうと挙手します。しかし、いざ指名されると、黙ってしまったり忘れたと言ったりします。普段と違って見られているから、緊張しているのかもしれません。それに対して、教師は「それじゃ、思い出したら、また言ってね」のように収めようとします。しかし、このように言葉がけしたとして、「また」がやってくることは、ほとんどありません。

そこで、次のように言葉がけをします。

「今ね。○○さんに賛成意見が続いているんですよ。それに賛成ですか。もし、賛成なら、はい、私も賛成で、と続けばいいのですよ」

「はい、私も○○さんに賛成で……」

「はい、私も賛成で」と水を向けることで、子どもは発表を続けることができます。水を向ける言葉がけをすることで、子どもは発言しやすくなります。このとき、教師の言葉をおうむ返しすることで、より発言しやすくなります。そして、発言することで、それを自信に変え、これからの発言への意欲を担保することができるのです。

Ⅲ　子どもの自主性が変わる

1　本当に効果がある言葉がけか

【1】ほめ言葉

子どもに限りませんが、ほめられるとうれしいものです。また、それが自信につながり、自己肯定感を高める効果もあります。ですから、ほめないよりはほめる方がいい、と一般的には思われています。

ところが、「ほめる」ことにはいろいろな意味があって、その使い方を間違えると子どもの成長にマイナスに働くことがあります。

例えば、心にも思っていないのにとりあえずほめるような場合です。子どもはすぐにその言葉の裏や本音に気づいてしまいます。

（本当にすごいと思ってないのに、すごいって言ってる）

（ほめる気がないのに、わざとらしい）

このようなほめ言葉は、子どもの自尊感情を損なうのはもちろん、彼らと大人との関係まで悪化させてしまいます。

次に、子どもの行動を誘導しようとするほめ方です。例えば、兄弟をおとなしくさせようとするときに、それができている方をほめるような場合です。

「さすがお兄ちゃん。静かに待っていてすごいね」

このようなほめ言葉を聞いた弟は、自分もほめられようとおとなしくなります。また、学校教育の現場で、学級担任がみんなを静かにさせたいときなどに、それができている子どもをほめることで、他の子どももできるようにします。

「Aさんは、きちんと座って静かにして、えらいですね」

これらのほめ方は、子どもの成長にはいいとはいえません。というのも、おとなしくすることや静かに座ることなどの行動が目的なのに、ほめられることが目的となってしまうからです。

このようなほめ方ばかりされていると、子どもは、自分で判断して行動することができなくなります。ほめられよう、いい子でいよう、という気持ちが優先するようになるからです。それは、子どもの自主性を育むことを阻みます。

以上のようなほめ方とは、全く異なるほめ方があります。それは、教師や親が本当にすごいと感心したときに、それを言葉にして子どもに返すほめ方です。子どもの言動を見ていると大人たちの心が動かされる、そんなときがあります。心の底からすごいと思ったり感心したりするときです。そのときに、その心の動きをそのまま子どもに返します。

大切なことは、何でもかんでもほめることではありません。感動したり驚いたりしたときに、その本音を言葉にしてほめるということです。そうすることで、子どもの自尊感情や自己肯定感が高まり、自主性を育むことにつながるのです。

【2】感謝の言葉

感謝の気持ちを持つことはとても大切です。それは、自らの日々の行いや成果や結果が自分一人だけでなせることではないと気づき、自分を取り巻く多くの人々のおかげであるという意識を持つことができるようになるからです。それは、謙虚さにも通じます。

ですから、感謝の気持ちを常に持つことは大切です。それだけでなく、その気持ちを感謝の言葉、「ありがとう」や「ありがとうございます」などで相手に伝えることが大切なのです。やはり、言葉にしなければ、その感謝の気持ちを相手に伝えることができないからです。

だからといって、何でもかんでも「ありがとう」や「ありがとうございます」と言うのは、いかがなものかなと思います。それは、言われた側の気持ちを考えると、理解できるのではないでしょうか。

（それほど感謝してもらうようなことをしていないのに……）

（これって、そんなにすごいこと？）

あまりに頻繁に感謝の言葉を聞くので、その言葉に本当の感謝の気持ちがこもっているのかどうか、疑ってしまいます。感謝の気持ちがないのに口癖のように「ありがとう」と言っても、それを聞く相手は感謝されたと思わないわけです。

感謝の言葉というのは、心の底から本当にありがたいと思うときにしか、相手には通じない言葉なのです。その気持ちなしに「ありがとう」を言うと、逆に感謝していないことが伝わってしまいます。それだけでなく、前述のほめ言葉と同様に、相手は操作や誘導されているような感すら受けてしまうのです。

それでも、感謝の言葉は大切です。必要な言葉がけです。重要なことは、言葉をかけられた側に、感謝の気持ちがきちんと伝わるようにしなければならないということです。

そのためには、本当に感謝したいという気持ち、心が動いたときにだけ感謝の言葉を発するようにします。これは、前項の「ほめ言葉」と同じです。口先だけであるいは慣習的に感謝の言葉を発するのではなく、「ありがたい」と心が動いたそのときにこそ、感謝の言葉を相手に伝えるのです。

「本当に困ってたんだよ。自分から手伝ってくれてありがとう」

「わざわざ持ってきてくれたのか。驚いたよ、ありがとう」

このような本当の意味での感謝の言葉を、親や教師が子どもに使うだけでなく、子どもにもそのような感謝の言葉がけをさせたいものです。子どもが適切な感謝の言葉を使えるようになると、他者との関係が良くなります。また、自己中心的な言動や「オレ様」的なふるまいも少なくなって行きます。そうなれば、子どもの自主性はより発揮されやすくなります。

ほめ言葉と同様に、感謝の言葉も、本心からそう思っているかどうかが重要です。そして、その本心を伝えることにより、相手との信頼関係を作ることができます。その信頼関係こそが、子どもや他者を変えることになるのです。

2　自主性を育む指示の出し方

【1】うながしとの区別

近年、指示が曖昧になっているのではないかと危惧しています。というのも、指示がうながしや宣言に替わっているからです。うながしというのは、「〜しましょう」の文末になります。また、宣言は、「〜します」となります。もう少し具体的に示してみましょう。

子どもたちが朝の集会で集まっているときです。騒がしいとき、指示であれば「静かにしなさい」と、「～しなさい」の文末になります。ところが、同様の状況にもかかわらず、「静かにしましょう」や、「静かにします」のように言葉がけをするのです。前者がうながしであり後者が宣言です。

このうながしや宣言と指示を比較してみましょう。

「立ちましょう」
「立ちなさい」
「全員、座ります」
「全員、座りなさい」

「教科書を開きます」
「教科書を開きなさい」

うながしや宣言の方が、柔らかい感じがします。指示は「～しなさい」と、命令しているようにも思えます。どうしても、命令しているような言い方だと、強い感じを与えてしまいます。それを嫌って、うながしや宣言の言い方が増えてきたと考えられます。

しかし、どちらも子どもの行動に直接働きかけていることには変わりません。立たせる、座らせる、教科書を開かせるなどのために、言葉がけをしているのです。

させようとしている目的が明確であるなら、指示しているという意識も明確に持つべきだと思います。「〜しなさい」と指示する方が、指示しているという意識がはっきりします。一方、うながしや宣言などは、言葉の柔らかい感じから、目的や意識が曖昧になってしまいます。

指示を聞く子どもにとっても、目的や意識が曖昧では行動しづらくなります。何をすればいいのか、どうすればいいのかを明確に示してもらう方が、行動しやすいはずです。

ただ、この言い方が命令調で抵抗があるのであれば、その言い方を工夫します。

それは、「〜しなさい」の最後の「い」のイントネーションを上げるという方法です。

どんなににこやかに指示していても、語尾が下がるイントネーションでは、やはり命令調になります。それは、指示に限ったことではありません。疑問文のように語尾を上げると、柔らかい言い方となります。

それでも、指示に対して、子どもが「指示待ち」にならないか、命令に従順にならないかという心配もあるかと思います。実は、指示は、その出し方を工夫することで、子どもの自主性を育むことが可能なのです。また、最初は指示された通りやっていたけれど、やっているうちに夢中になり、どんどん自分から進んで行動するということもあります。

次の項から、それを詳しく説明していきたいと思います。

【2】させたいことを直接言わない

指示を出すとき、つまり何かをさせたいとき、そのさせたいことをそのまま指示にしがちです。例えば、静かにさせたいときに「静かにしなさい」、早くさせたいときに「早くしなさい」と指示しがちなのです。

確かに、指示は、子どもの行動に働きかけるものであり、子どもの行動を指示の内容の通りにさせようとするものです。ですから、直接させたいことを言語化して指示にするわけです。ところが、このような指示こそ、教師や大人が嫌う命令的な指示です。このような指示は「右向け、右」のような指示と同じで、直接的な指示といえます。

一方、このような指示を受けた子どもは、その指示の内容にそのまま従わざるを得なくなります。なぜなら、それしか他に方法がないからです。「右向け、右」と指示されたら、右を向くしかありません。このような指示を受け続けると、行動や活動が受け身になるのも容易に想像できるでしょう。いわゆる指示待ちになるわけです。この受け身で指示待ちの子どもを、自主的であるとはいえません。

教師や大人が子どもにさせたいこと、つまり指示したいことには、そうさせたい意味や意義があるはずです。例えば、静かにさせたいなら、今から話す内容を聞いてほしいとか、周囲の迷惑にならないようにしてほしいとか。また、早くさせたいなら、このままでは何かに間に合わないとか、遅れてはみんなに迷惑がかかるとか。

それらの意味や意義を指示に混ぜ込むようにします。直接的な指示と、意味や意義を混ぜた指示を比べてみましょう。

「静かにしなさい」

「話が聞けるようにしなさい」や「周りの迷惑にならないようにしなさい」

「早くしなさい」

「〜に間に合うようにしなさい」や「遅れて困らないようにしなさい」

直接的な指示を受けた子どもは、それをその通りにやろうとします。そこに、自ら考えることはありません。何も考えずに、言われたまま行動することになります。一方、意味や意義を混ぜた指示を聞いた子どもは、いきなり行動せずに、まず考えます。その指示に適応するためにはどうすればいいか考えるのです。そして、自分で考えた行動をとります。その行動は、直接的な指示と違って、一つとは限りません。子どもによって、人とは違う行動や独自の工夫をした行動をします。

（話を聞くためにはどうしたらいいだろう。無駄話をしていてはいけないな）

（間に合わせるためには、今のままではダメだな。少し急ごう）

指示されるということは受動的でも、それをきっかけに自ら考えて行動するというようになります。自ら考えるということが、自主的な行動につながります。させたいことの意味や意義を指示化することで、子どもの自主性が変わるのです。

【3】予測される不都合を防ぐ

朝会や集会のときです。司会の先生や子どもが、全体を動かす指示を出します。

「全員、座りなさい」
（子どもたちは、ざわつきながら座る）
「やり直しです。もう一度立ちなさい。どうしてやり直しになったか分かりますか？静かに座れない人がいたからです。次は静かに。全員、座りなさい」

司会者の意図は、静かに座らせたかったのです。ところが、単に「座りなさい」では、その意図が伝わりません。ですから、その指示が出たあと、子どもたちは、ざわざわと騒ぎながら座ったのです。

その結果、注意とともにやり直しをさせられることになります。このようにやり直しをさせられると、子どもが、素直に反省したり今度から気をつけようと思ったりすることは、あまりありません。

反省などとは逆に、やり直しをすることを子どもは嫌がります。同じことを繰り返しさせられ、それに注意まで付け加えられているからです。

これは、当然の結果です。つまり、意図を示さずにその意図に従わせようとしているからです。ただ、司会者は、座るときは静かにするのが当然だと考えていたかもしれません。それでも、座るときにざわつくという予想はできたはずです。つまり、予測される不都合として、ざわつくことがあったのです。

そんなときは、指示の中にその不都合を防ぐ指示を混ぜていいます。

「全員、静かに座りなさい」
（子どもたちは、「静かに」の指示を聞いて喋らずに座ります）
「みんな静かに座ることができました。よくできましたね」

前の指示とは異なり、繰り返すことも注意することもありません。逆に、「よくできました」とほめています。このような経験をした子どもは、次からも静かに座ろうと素直に考えるようになります。

また、子どもが嫌がることを指示すると、「えーっ」のような不満の声が返ってくることが予想される場合もあります。突然予告なしで、テストをすることや運動場を走ることを提案すると、子どもは「えーっ」や「どうして？」のような、反応をしがちです。

このような反応が予想されるのであれば、それらを防ぐ内容を指示に混ぜて伝えます。

「みんなは驚くかもしれませんが、今からテストをします」
「しんどいなと思うかもしれませんが、体を温めるために運動場を五周走りなさい」

こうすることで、子どもは、不満を持つことはありません。さらに、指示の中に、子どもの心情に同化するような内容を混ぜ込むことで、子どもが驚きや不満なしに行動するようになります。

【4】指示は直前に

子どもが何か悪いことや失敗をしたとき、親や教師が注意をすることがあります。

そのとき、次からは同じことをしないように指示をすることがあります。

「明日は同じ失敗をしないようにしなさい」
「明日は、きちんとお風呂の掃除をしなさい」

また、学校教育では、一日の学校生活の最後に「おわりの会」を開くことがあり、そこで一日を振り返り、評価したり反省したりします。そのときに、問題になったことを次の日はきちんとできるように指示を出します。

「給食の後片づけができていなかったので、明日は気をつけなさい」
「今日の掃除では怠けていた人がいたようですね。明日はそんなことのないようにしなさい」

もう今日はやり直しがきかないから、次の日にちゃんとするように指示するわけです。しかし、このような指示には効果がありません。次の日まで、子どもが前日の指示をきちんと覚えている保証がないからです。

つまり、このような指示を出してからそれを子どもが実践するまで、時間が空くことが問題なのです。子どもは、次の日になれば前日のことを覚えておらず、指示されたことを忘れていることも少なくありません。そして、また同じ失敗や忘れを再現してしまいます。

そうなると、大人たちは、「昨日言ったのに、また！」のようにがっかりしたり怒ったりします。時には、前日より指示が強く（ひどく）なることもあります。そうなると、子どもはますますその指示に従うことを嫌がるかもしれませんし、ひどい場合は自信をなくしたり自尊感情を損なったりするかもしれません。

そこで、指示は子どもの行動や活動の直前に出すようにします。前述の例であれば、次の日に、前日と同じような出来事の直前に指示するのです。

「昨日も言ったように、同じ失敗をしないようにしなさい」

「今日は、きちんとお風呂の掃除をしなさい」

「給食中ですが、後片づけを忘れないようにしなさい」

「(掃除の直前に全員を集めて)今日の終わりの会で問題にならないようにしなさい」

直前に指示を出せば、子どもの記憶や意識に残りやすく、子どもはそれを自らの行動に反映しやすくなります。このとき、直接的な指示ではなく、［2］で述べたように、行動する意義や価値を指示に混ぜると、さらに効果的です。

直前に指示を出し、子どもはそれを意識して実践します。そして、それを大人は受容してほめたり認めたりします。そうすることで、子どもは喜んで行動するようになりますし、自ら進んで行動するようにもなります。そして、大人も子どもとより良い関係を築くことができ、その関係の中で心地良く生活することができるのです。

［5］言われてからでは遅い

これまで、指示の工夫について述べてきました。子どもが自主的に活動や行動できるようにするための工夫です。ただ、そこでは、やはり指示が先にあって、それに子どもが応じるという関係があります。

しかし、究極の指示は、指示がなくても、子どもが自ら考えて活動や行動をすることです。指示とは矛盾しているようですが、子どもがある状況で、出されるであろう指示を予見して、あるいは予見せずとも自ら考えて動くということが理想なのです。

ただ、この指導法は、今一つ不明確であったように思われます。その指導の例をいくつか挙げてみたいと思います。

まず、目標やスローガンに、「言われる前に行動しよう」のように提示することです。

そして、指示を出すときに簡単に言葉にするのではなく、スローガンを想起させるようにします。その方法は、いろいろ考えられます。

例えば、指示を出そうとするときにそのスローガンを指し示します。そうすることで、子どもが思い出したり考えたりできるようにします。また、「目標（スローガン）は、何だった？」と問いかけます。子どもはそれに答えることで、思い出して考えようとします。このように、どちらの方法も、「言われる前に行動すること」が、子どもに意識づけられるようにするわけです。

次に、実際に指示を出して、そのあとに「と言われてからでは……」と続けることです。

「話が聞けるようにしなさい、って言われてからでは、遅い」
「そこをきれいにしなさい、って言われてからでは、遅い」

指示だけで終わらず、「って言われてからでは、遅い」を付け加えることで、指示される前に行動することが大切であることや、それが価値あることなどを、子どもに意識づけることができます。

学校教育現場などで、一斉に指示を出すときなどは、「遅い」のところを言わずに、子どもに言わせるようにします。

「話が聞けるようにしなさい、って言われてからでは？」

「遅い！」

このようにすることで子どもは集中し、聞き漏らしを減らすことができます。そして、指示される前に行動できるようになっていきます。

最後に、子どもに指示の内容を考えさせることです。この方法では、指示は出しません。指示を出さずに子どもに問いかけます。

「今から、私が指示しようとしていることは、何だと思いますか？」

問いかけに答えさせてから行動させてもいいし、それぞれに考えさせて行動させてもいいでしょう。そして、行動したことをできれば肯定的に評価するようにします。

【6】指示から確認へ

直接的な指示に効果がないことは、［2］で述べた通りです。それでも、時間や余裕がないときには、ついつい言ってしまいがちです。これらの指示は、命令調になりがちです。

「早く！」
「急いで！」

これらは、大人が子どもによく使う指示や命令のベスト5に入るのではないかと思うぐらい、よく使われます。大人から見ると、子どもの行動が遅く見えたり、ゆっくりとしているように感じたりするのでしょう。しかし、子どもには子どもなりの理由があり、本当は急いでいるのかもしれません。

また、質問に効果がないということもすでに述べましたが、次のように尋ねることも、多いのではないでしょうか。

「宿題したの?」

「お手伝いは、終わった?」

以上のような命令や質問を聞いた子どもがまず思うのが、(うるさいなぁ)や(分かっているのに)のような否定的なものです。つまり、肯定的に受け止めることがありません。反発しかないでしょう。

また、宿題もお手伝いもすでに終わっていれば、「やった」や「終わった」のように答えるでしょうが、(もう終わっているのに)や(いつも同じことばかり言って)と思うでしょう。もっとひどいと、(私のことを信用していない)や(私のことを分かってくれていない)のように思い、不信感を抱きかねません。

時間や余裕があれば、適切な指示に置き換えたり、共感的な言葉をかけたりできるでしょう。そうでないとき、次のように言い換えるだけで、それぞれのマイナス面を抑えて、効果的に子どもの行動が変わります。

「急いでいるよね」
「宿題したよね」
「お手伝いは、終わったよね」

これらの言葉がけは、指示や質問というよりは確認といえるでしょう。このような確認の言葉がけを聞いた子どもは、自らやっていないことに罪悪感や否定的な感情を持ちません。また、不信感も持ちません。そして、行動を変えようとします。

すでに急いでいたり宿題しようと思っていたりする子どもは、すぐにそのようにしようとするでしょう。また、それらができていない子どもは、そうしなければと思うようになり、急いだり宿題したりするようになります。

ほんの二、三字違うだけで、効果は全く異なってくるのです。そして、ほんの二、三字変えることは、それほど難しいことではないでしょう。

Ⅳ　子どもの自立心が変わる

1　効果のない言葉がけ

【1】「自分で考えなさい」

この言葉がけは、子どもが意見や指示を聞いてきたときに、親や教師がよく使うものです。そこには、子どもが自分で考えられるようになってほしいという願いがあります。子どもがあまりにしつこくて、面倒だから言ってしまうこともあるかもしれませんが、それは論外です。

「ねえねえ、これどうしたらいいと思う？」
「自分で考えなさい」

また、子どもに一人で考えられる力をつけさせたいというときにも使います。

「どうしたらいいか、自分で考えなさい」
「自分のことなんだから、自分で考えなさい」

どちらにも、子ども自身で考えて決めさせよう、自分で考えて行動させようという意図があります。そこには、子どもが自立してほしいという期待が埋め込まれているのです。

しかし、これらには効果がありません。

前者は、どうしたらいいか分からないから聞いています。それなのに「自分で考えろ」と言われても、どうすればいいのか分からないままです。つまり、子どもが抱えている問題の何ら解決にもなっていないわけです。

後者は、このように言われても、何をどのように考えればいいのか、子どもは分かりません。（そんなこと言われても）と、突き放されたように感じるでしょう。そして、考えることをやめてしまいます。

解決策が分からない子どもは、もやもやしたまま考えがまとまらなくなります。あるいは、悩んだ末間違った行動をとるかもしれません。間違った行動をとると、大人はきっとそれをよしとはせずに、注意したり叱ったりするでしょう。でも、子どもにしてみれば、(自分で考えろと言われたからそうしたのに、叱られるなんて……)とがっかりしたり腹を立てたりするでしょう。

もちろん、子どもが自立して、自分の考えで行動できるようになるのが一番です。だからといって、大人が、考えることを丸投げするような言葉がけをしていては、子どもの自立は期待できません。自立には、発達段階と同様に、時間や年数がかかるのです。

ですから、目の前の子どもをよく見て、今は自立に向けてのこの段階にいると理解することが重要です。それなしに小さいうちから自立させようと無理をしても、効果がないのです。

ある心理学者は、「自立と甘えは、表裏一体だ」と言います。そして、「十分に甘えた子どもが自立していく」と説明しています。ですから、幼いうちから自立を目指して甘えさせないようにするのは、逆効果なのです。

自立を目指して「自分で考えなさい」と言葉がけすることも、また、自分で考えないことを甘えととらえて「自分で考えなさい」と言葉がけすることも、実は自立に向かわせていないことになります。

【2】決めつけやラベリング

親同士の会話や、担任の先生との三者懇談で、子どものことについて次のような話を聞くことがあります。

「うちの子はおとなしくて……。もう少し人前でも話してくれたらねぇ」
「うちの子は自己中心的なので、部活などは集団でやれるものがいいのですが……」

これらは本心の場合もありますが、相手への謙遜でそのように言っていることが考えられます。また、体裁を装うために、わざとそう言っていることも考えられます。いずれにせよ、このような子どもを一面的に決めつけることを、「ラベリング」といいます。

しかし、このようなラベリングをされた子どもは、どう思うでしょう。もちろん、（また勝手に決めつけて）や、（私はそんなんじゃない）と反感を持つこともあります。これでは、子どもと良い関係を築くことはできません。

それとは逆に、（自分はそうなんだ）（そう思われているんだ）と思い込むこともあります。そして、この思い込みが問題なのです。なぜなら、子どもはそのラベリングに自分を合わせるようになるからです。

特に、子どもが幼少のときはそうです。親や大人のラベリングに自分を合わせようとするのです。そのことが、子どもの自由なふるまいや思考を妨げます。それが、子どもの自立をも邪魔するのです。

一方、学校でも、子どもにそのような言葉がけをすれば、子どもは同様の反応をするようになります。それだけでなく、思うだけで、子どもがそれに合わせてくるということが研究で明らかになっています。つまり、教師が子どもに対して、「よくできる子ども」と思えばそのように育ち、「できが悪い」と思えばそのように育つのです。それは、教師の期待効果、あるいはピグマリオン効果と呼ばれています。

ピグマリオン効果という言葉の由来は、ギリシア神話に出てくる男性の名前からそう呼ばれています。彼は象牙でできた女性に恋をして、その像が本物の女性であればいいのにと心から願います。その願いを神様が叶えてくれたというお話です。つまり、思いや願いが現実化するという神話で、それを援用しているわけです。

教師の期待効果やピグマリオン効果を実証する、こんな実験があります。

まず、教師たちには知らせずに、同じぐらいの学力の二つのクラスを用意します。一方の教師には「この子どもたちは学力が高い」と言い、もう一方の教師には「この子どもたちは学力がそれほど高くない」と伝えて、両方に同等の授業を実践します。その結果、前者の学級の方の成績が上がったのです。これは、教師の期待が子どもの学力に反映したといえます。

このような決めつけやラベリングが肯定的であれば、ある程度の教育効果が期待できます。それでも、子どもによっては、それらに合わせようと無理をした結果、精神的に疲れてしまうことも起こります。否定的な決めつけやラベリングが、教育的に良くないことは明らかです。

あくまでも、子どもは成長の過程にあり、今はこの段階だという判断や、今はこうだけどこれからどのように伸びてくるのか楽しみだというような、未来志向的な見方が大切です。そして、それを子どもに言語化して伝えることで、子どもは自らをそのように考え、さまざまなことに前向きに取り組むようになるのです。

2 自立をうながす言葉がけ

【1】自分で決める

「自分で考える」と似ているように思われるかもしれません。しかし、「自分で決める」の方が、はるかに子どもは考えやすくなります。決めるための材料や選択肢が、ある程度明らかになっているからです。二つを比べてみましょう。

「どうしたらいいか、自分で考えなさい」
「どうしたらいいか、自分で決めなさい」

その前提として、決める内容のあることが分かると思います。

「自分で考える」方が、何もないところから考えるのに対して、「自分で決める」方は、ある場所から動けなくなるという事例があります。玄関でなくても、不登校の子どもが、玄関から動けなくなるのです。このときの子どもの心の中には、学校に行かなければならないけれど行きたくないという気持ちがあります。つまり、「行く」か「行かない」か、自分で決められない状態にあるといえます。そして、その葛藤状態が子どもを精神的に大変疲れさせます。ですから、そんなときは次のように言葉がけをします。

「(学校に行く、行かない)どちらでもいいから、自分で決めなさい」

このようにうながし、決定した方を支持するようにします。もちろん、「行かない」

と決めたとしても、受け入れるようにします。（学校へは行ってほしい）（他の子は行っているのに）のような気持ちになるかもしれませんが、それをぐっと飲み込みます。そして、行かないと決めたことを尊重し、家にいることを認めます。

「自分で決める」ことは、子どもの意志の力を育みます。不登校の子どもに「自分で決める」ことをうながすことで、学校復帰に近づいたという例もあります。もちろん、不登校にはさまざまな理由があるので、一概にはいえないと思います。いじめなどの明確な理由があるときには、その問題を解決する必要があります。

そして、意志の力は、子どもを自立へと導きます。意志の力が高まれば、自らの考えで行動できるようになるからです。この意志の力を高める言葉がけがあります。子どもが何か行動したときに、子どもの意志がきちんと働いているか、確かめる言葉がけです。

「それは、あなたが自分で決めたのですか？」

「それは、あなたの意志ですか？」

これらの言葉がけは、意志の力を確かめつつ、子どもが自らの行動に意志の力が重要であることを意識づけます。そうすることで、子どもは、何をするのにも自分の意志であるかどうか考えるようになります。あるいは、何かをしたあとに、それが自分の意志であるかと自問し、考えるようになります。そうすることが、子どもを自立へと導きます。

【2】自分で選ぶ

［1］の「自分で決める」と似ていますが、こちらは選択肢をはっきりと示すところが違います。選ぶ内容をきちんと示した上で、どちらがいいか決めさせて選ぶことができるようにします。この選択肢ですが、二者択一の場合もありますし、選択肢が複数の場合もあります。ただ、子どもが選びやすいのは、選択肢が少ない方です。

子どもが泣いたりすねたりしているとき、大人は次のような言葉をかけがちです。

「いつまで泣いてるの？」

「いい加減に、すねるのやめなさい」

しかし、これらには効果がありません。経験のある方も多いと思いますが、このような言葉がけをすると、子どもは余計に泣いたり、すねている時間が延びたりします。これでは、泣き止ませよう、すねるのをやめさせようとしているのに、逆効果となってしまいます。

そこで、泣いたりすねたりし続けるのか、それとも別のことをするのか選択させるように言葉をかけます。その際には、子どもの心情に寄り添う共感の言葉を付け加えます。

「悲しいから泣いてるんだね。それで、泣き続ける？　それともご飯を食べる？」

「怒っているんだね。だからそのまますねてる？　それともみんなと遊ぶ？」

子どもの感情がたかぶっているときは、このような言葉もなかなか聞き入れてくれないかもしれません。ですから、子どもの様子をよく観察して、そのときどきの気持ちを理解することが大切です。そして、子どもが泣きながらでもすねながらでも、話を聞くことができると判断したときに、言葉がけをするようにします。

　ところで、この選択肢を示すのには、ちょっとしたコツがあります。まず、子どもがどちらを選んでも大人はその通りにさせるということです。選択肢には、大人が期待する、つまりこうしてほしいという内容が含まれていることがほとんどです。ですから、そちらを選ぶと問題はありません。しかし、そうではない方を選ぶこともあります。そんなときでも、大人は受け止めてその通りにさせます。これは、前項の不登校の例と同じです。

　次のコツは、選択肢を示すときに、大人が期待する方、つまり選んでほしい方をあとに示すようにします。これは、心理学などでいわれていることですが、人間はあとに提示された方を選びやすいからです。

　選ぶということは、選択肢のどれかに決めるということです。その意味で自分で決めることであり、それと同様に子どもの意志の力を育みます。ですから、いろんな場面で選ぶことができるようにすることが大切です。

それは、例えば、どの服を着るか、何を食べたいかのような身近なことでもいいのです。あるいは、宿題をしてからゲームをするのか、ゲームを決めた時間やってから宿題をするのかのようなことでもかまいません。

大切なことは、一つしか選べない状況を命令するような言葉がけをするのではなく、いくつかの選択肢を示して子どもに選ばせるのです。そうすれば意志の力が高まり、自立につながっていきます。

【3】自分を知って受け入れる

子どもにとって、自分自身のことを理解したり理解したことを受け入れたりすることは、簡単なことではありません。特に、年齢や発達段階が幼いと難しいものです。かなり成長しても、できない子どももたくさんいます。

ですから、子どもが自分を知り、受け入れることができるような言葉がけをすることが必要です。そうすることで、少しずつできるようになっていくからです。そして、正当に自分を理解して受け入れることは、子どもの自立につながっていきます。いいところ悪いところ全てをきちんととらえて、受け入れることができるようにします。

では、どんな言葉がけをすればいいのでしょうか。

「あなたの頑張る姿は、あの有名なスポーツ選手に似ているね」

「その我慢強さは、あの偉人のエピソードにあるのとそっくりだ」

これらは、誰もが知っている人物と似ていることを指摘する言葉がけです。そうすることで、子どもは有名な人物を通して、自分自身を客観視できるようになります。悪いところの場合も、偉人や有名な人物と似ていることなら、肯定的に受け止めることができます。

子どもが理解しづらいのが、自らの感情でしょう。特に、ある感情にとらわれているとき、その感情を理解したり受け入れたりすることが難しくなります。しかし、そのようなときでも、自らの感情を理解し、それがいいものでもそうでなくても、きちんと受け入れることができるようになることが大切です。

「落ち着いてからでいいから、今の気持ちがどんな気持ちか教えてね」

これは、感情を理解できるようにする言葉がけです。子どもが考えても分からない、答えられないということもあるでしょう。そんなときは、「それは、悲しかったということだね」のように、大人が共感的にその感情を説明するようにします。

「腹が立っているんだね。その気持ちは悪いことではないんだよ」

「誰もが感じる気持ちなんだよ」

これは、感情を受け入れられるようにする言葉がけです。その感情は誰もが持つものであること、自然なこと、大人も経験したことなど、言葉がけを工夫します。その言葉がけを聞いた子どもは、自分の感情がおかしくないこと、正当であること、誰もが経験することととらえ、その感情を受け入れることができます。

このようにして、感情を理解して受け入れられるようになると、感情をコントロールすることができるようになります。

感情のコントロールは、社会性と関連しています。感情をコントロールすることで、他者とうまく関われたり、集団の中で適切にふるまえたりします。これらは、いずれも社会性の向上を意味しています。そして、他者や集団との関係の中で自分らしく行動することができ、自立した自分へとつながっていくのです。

【4】自分のためになるか

子どもはパニックになると、感情をあふれ出させたり、あばれるようにふるまったりすることがあります。そんなとき、大人もつい感情的になって、それをやめさせようと命令したり指示したりしがちです。時には力ずくで押さえ込もうとすることもあります。

しかし、それでは子どもの自立にはつながりません。そんなときは、次のような言葉がけをします。

「答えなくていいから、今やっていることは自分のためになる？」
「答えなくていいから考えてごらん。それは、あなたにとって、どんなためになりますか？」

これは、魔法の問いかけです。この言葉を聞いた子どもは、パニックから落ち着いていきます。特に、「答えなくていいから」というのが重要です。単に、「自分のためになる？」や「どんなためになる？」と聞くと、子どもは反射的に首を横に振ったり、「何のためにもならない」と答えたりしてしまうからです。そうなると、そこで思考停止してしまい、落ち着くことが難しくなってしまいます。

「どんなため」というと、曖昧さや功利的な感じを受けるかもしれません。ここで言っているのは、「自分にとってどんな役に立つのか」という意味です。ですから、「ためになる」というのを「役に立つ」に置き換えてもかまいません。

もちろん、いつも自分のためになる、自分の役に立つことをしなければならないわけではありません。また、一つの感情にとらわれることも自分のためになることがあります。ですから、子どもが今している行動やふるまいが、その子の役に立っているのかどうか、もしそうならどのように役立っているのか、考えさせるわけです。そうすることが、子ども自身、自分について考え、理解することにつながっていきます。

子どもにとって、曖昧すぎると感じるときは、次のように選択肢を示します。

「そのことには、（あなたにとって）どんな利点や不利点がありますか？」

このように選択肢があれば、考えやすくなります。ただ、「利点」「不利点」という言葉が馴染みにくかったり理解しづらかったりするかもしれません。そこで、次のように言い換えてもかまいません。

「それには、どんないいことや悪いことがありますか？」

「利点」とは、「都合のいいこと」「有利なこと」です。また、「不利点」とは、逆に「都合の悪いこと」「不利なこと」です。これらの言葉に置き換えて、言葉がけします。大切なことは、子どもの発達段階を踏まえて、理解できる言葉をかけるということです。

また、この言葉は、子どもが落ち着いてからかけても、効果があります。子どもが自分を理解することを助けるからです。自分の感情や行動を振り返り、その価値について吟味することになり、それが自分を理解することにつながります。

パニックを頭ごなしに悪いことと評価するのではなく、大人と子ども一緒に振り返って検討することが大切なのです。

【5】他に方法はありませんか

子どもがけんかやよくないことをしたとき、頭ごなしに注意したり叱ったりしがちです。そうすることで、子どもは一時的にけんかやよくないことをやめることがあります。しかし、次もそのようなことをしないとは限りません。なぜなら、注意や叱ることには即効性はあるものの、持続性がないからです。

けんかや良くないことをしたときの正しい解決の仕方について、まとめてみましょう。これらは、子どもの感情や行動が、ある程度落ち着いてからの方法です。

「何が原因でそうした（なった）のか、一緒に考えてみよう」

出来事の原因を明らかにしようとする言葉がけです。このとき、「なぜ、そうしたのか」「どうして、そうなったのか」のように、「なぜ」や「どうして」を使うのは適切ではありません。子どもは、「なぜ」「どうして」と問われただけで、叱られているような気分になるからです。親や教師は叱っているのではなく、あくまでも原因を知りたいわけです。

それでも、「なぜ」「どうして」を使ってしまったようなときは、叱っているのではないことをきちんと示すようにします。「叱っているんじゃなくて、理由や原因をはっきりさせたいの」のように意図を明確化します。
そして、次にかける言葉です。

「それで、次にこうしたんだ」
「そのときに、〜と思ったんだね」
「その次に、こうなったんだ」
「そりゃあ、〜な気持ちになるね」

これらは、出来事の過程を明らかにしようとしています。そして、その背景やそのときどきの感情など明らかにしていきます。このとき、「次にどうしたの？」「そのときどう思ったの？」のような質問は効果がないことは、すでに述べた通りです。もちろん、決めつけたような言い方も厳禁です。確かめるような言い方をするようにします。また、けんかであれば、相手がいます。双方の言い分をできるだけ平等に聞くようにします。

ある程度出来事の全容がはっきりしたら、次のように言葉がけします。

「他に方法はなかったのか、考えてごらん」

これを聞いた子どもは、他の方法を考え、別の方法があったことに気づきます。大人は、問いただすのではなく、一緒に考えようとすることが大切です。もし、子どもが他の方法を思いつかないような場合は、大人がいくつか例を示すといいでしょう。子どもは、その中から選んだり、それをきっかけにさらに気づいたりするようになります。

他の方法に気づいた子どもは、同じようなことが起こりそうなときに、その方法を取るようになります。それだけでなく、常に「他に方法はないか」と考えるようになります。そして、いくつかある方法の一つを決めて選びます。

［6］感情をコントロールする

子どもが感情をコントロールするには、まずその感情を理解し受け入れることが大切だとすでに述べてきました。

感情をコントロールするには、次の四つが重要だといわれています。

「感情を知る」
「感情を受け入れる」
「感情の背景を整理する」
「感情の意味づけをする」

どの内容も、子どもが感情的になっているときや、パニックになっているときは避けるようにします。それらの状況では、子どもは落ち着いて考えられないからです。

まず、［4］で紹介した魔法の問いかけをして落ち着かせ、そのあとに取り組ませるようにします。

「感情を知る」と「感情を受け入れる」については、［3］で詳しく述べました。ここでは、「感情の背景を整理する」と「感情の意味づけをする」についてまとめ、具体的な言葉がけを考えたいと思います。

まず、「感情の背景を整理する」ですが、前項の出来事の過程を明らかにすることと似ています。もう少し詳しく言うと、その感情に至るまでの子どもを取り巻く人・もの・ことを明らかにしていくことです。

「その気持ちになったとき、○○さんといたよね」
「あの○○が気になったんだね」
「そんな出来事があったら、そんな気持ちになるよね」

これらを整理することで、その感情の原因や感情の変化、あるいは感情のたかぶりなどを理解できるようになります。

次に、「感情の意味づけをする」ですが、これはまず、子どもがその感情をどう考えているかを明らかにします。否定的にとらえているのか、肯定的にとらえているのか、嫌悪しているのか、好意的なのか、などなど子どもの側に立って、子どもと一緒に明らかにしていきます。

次に、それを別の意味に置き換えていきます。例えば、否定的にとらえていることに、別の肯定的な意味をつけていくことなどです。

「あなたの怒りは、あなたの努力に結びつくよ」

「あなたの悲しみは、相手への思いやりなんだね」

このように、言葉がけをすることで、子どもは、（へぇー、そんな意味があるのか）や（そんなふうに考えることができるのか）と思うでしょう。肯定的な意味づけから、感情を理解したり受け入れたりすることも容易になります。そうすれば、四つの内容が相乗的に作用して、感情をよりコントロールできるようになります。

V　子どものふるまいが変わる

1　効果のない言葉がけ

【1】叱ること

子どもが悪いことをしたときに、親や教師は子どもを叱ります。

（悪いことをしたんだから、叱られて当然）
（よくないことをよくないと知らせるためにも、叱ることは必要）

このような思いや考えで、叱るのでしょう。「思いや考えで」というのが重要で、それが欠けると「感情的に」叱ってしまうことになります。それが、良くないことは説明するまでもないでしょう。

これまでも、子育て本や教育書で、叱ることについて、その方法やコツなどについて論じられてきました。例えば、「行為を叱り、人格まで否定しない」や「みんなの前で叱らず、一人のときに叱る」などです。

もちろんこれらの方法やコツを活用して叱り、効果があることもあります。しかし、叱られている子どもの気持ちになると、大人の思いや考えを理解しない場合も少なくありません。状況にもよりますが、何が悪かったのか、どうして叱られているのか分からないということがあるのです。

また、叱られること自体への嫌悪感や不愉快さを感じることもあります。そのような心情のとき、子どもは叱られている間、あやふやな聞き方をしたり面倒そうな態度を取ったりしがちです。その姿を見て、親や教師は余計に叱ることになり、悪循環に陥ってしまいます。

そして、事あるごとに、何でもかんでも叱っていると、子どもは叱られることに慣れてしまいます。「あーあ、また怒っている」と慣れてしまうのです。そうなると、親や教師の思いはますます伝わらなくなります。

また、「叱ること」には、次のような性質があると考えています。

一つ目は、「即効性はあるが、持続性がない」ということです。子どもが良くないことをしているときに叱ると、子どもはそれをすぐにやめたり反省しているようにしたりします。これが即効性です。

しかし、しばらくするとまた同じような悪いことをすることがあります。これは、叱られたことが持続していないことを意味しています。これが、持続性がないということです。持続性がないということは、子どもが、大人の思いや考えをきちんと理解していないということになります。

そして、二つ目が、子どもの意欲の「外発的動機づけ」の一つとなるということです。「外発的動機づけ」というのは、子どもの外からの刺激が行動の理由になるというものです。この場合、簡単に言うと、叱られないようにしようと行動を抑制することです。これでは、子どもが自らの行動を、心から変えようとしているとはいえません。それに対して、「内発的動機づけ」があります。こちらは、行動の理由が、子どもの内側にあるというものです。例えば、好奇心であったり目的意識だったりが理由となります。こちらの方が、子どもは自らの意思で行動をしようとしているといえます。

以上のように、「叱る」ということは、ふるまいを変える効果的な方法とはいえないのです。

【2】命令やおどし

命令やおどしというと、強烈なイメージがすると思います。そんな強い言葉がけはしたことがない、と言われる方も多いと思います。しかし、無意識のうちに、あるいはよく考えてみると、命令やおどしと同じことをしている場合が少なくないのです。

「けんかをやめろと言っているでしょ」

「いい加減にしないと、ゲームを取り上げるよ」

前者は、優しく言っているように思えますが、「けんかをやめろ」と命令しています。また、後者も柔らかい表現ですが、「言う通りにしないと、～するぞ」とおどしています。

命令やおどしを聞いて行動を変えたからといって、それが子どもの本心から納得したものでなければ、根本的にふるまいを変えることにはなりません。仮に、本心から納得したとしても、大人の言われた通りにふるまうだけで、自分の意思で行動することにはなりません。

また、命令やおどしを聞いた子どもは、「このあと叱られるのではないか」や「ゲームを取り上げられたくない」という気持ちになり、ふるまいを変えることもあります。しかし、それも一時的なものであることが多く、大人は同じ命令やおどしを繰り返すことになってしまいます。

同じ言葉がけを繰り返さなければならないということからも明らかなように、命令やおどしでは子どものふるまいを根本的に変えることはできません。それだけでなく、子どもは、話を聞かない、自分から話さないというようになります。

では、無意識に命令やおどしをしないようにするにはどうすればいいでしょう。

まずは、子どもへの言葉がけを客観的に見つめることが大切です。そして、それが命令やおどしになっていないかを確認する必要があります。そうすることで、知らない間に、無意識に、ということが減っていきます。

具体的には、言葉がけをしている自分と、その自分を観察している自分、つまり、二人の自分を持つようにします。これは「行為者と観察者の二つの自分を持つ」ということです。言葉がけをしている自分が行為者です。そして、それを観察しているのが観察者です。この二つの自分を持つことは、他の状況や場面でも活用することができます。

「けんかをやめろ（これって命令してないか？）」

「ゲームを取り上げるぞ（これっておどしているんじゃないか？）」

このように、言葉がけをしつつそれを吟味します。そして、命令やおどしにならないようにします。

これまでに述べた直接的な「指示」や「うながし」なども、言い方を変えれば命令になってしまいます。

「早くしなさい」↓「早くしろ」
「勉強しましょう」↓「勉強しろ」

そうならないように、指示は直接的にならないように工夫しなければなりません。

2　ふるまいを変える言葉がけ

【1】子どもが使う言葉に着目する

子どものふるまいを変えるためには、そのふるまいをしっかりと観察する必要があります。どんなときにどんなふるまいをしているか、注視するわけです。

(こんなときには、こう行動するんだ)
(こういうとき、そんなことを言うんだ)

このとき、子どもが使う言葉に着目することが重要です。なぜなら、子どもの言葉には、そのふるまいを左右する要素が含まれていることが多いからです。

一般に、私たちは、あるふるまいや行動があって、その一つの表れが言葉や言葉づかいだと考えがちです。例えば、乱暴な行動をするから言葉づかいが荒くなる、優しい行動をするから使う言葉も優しくなる、などです。

しかし、実はそうではないことを、すでに論じている人がいます。

それは、二十世紀のフランスで活躍した哲学者、ロラン・バルトです。彼は、私たちの行動が個人や集団の言葉にとらわれており、言葉によって行動が決められると言うのです。それを「エクリチュールの囚人」や「言語の囚人」と呼んでいます。ちなみに、「エクリチュール」というのは、ざっくり言うと「言葉づかい」のことです。

そして、私たちが用いる言葉や言葉づかいで、そのふるまいが違ってくると言います。

先の例で言えば、荒い言葉づかいをするから乱暴になるし、優しい言葉を使うことで行動も優しくなるわけです。さらに、バルトは、言語とふるまいの関係だけでなく、服装や生活様式、態度にまで言語や言葉づかいが影響すると言います。つまり、荒い言葉づかいをすると、乱暴になるだけでなく、それに見合った服装、例えば強そうに見えるものを着るようになるし、生活態度も荒くなるのです。

ですから、子どもの言葉や言葉づかいが変わったら、大人は注意しなければなりません。大人の前では見せなくても、これまでと違うふるまいをしているかもしれないからです。そこで、子どもが使う言葉に着目するとともに、その言葉や言葉づかいが変わっていないかどうかをチェックするようにします。

（あれっ、こんな言葉、今まで使ってたっけ）

（おやっ、あんな言い方してたかしら）

この、「あれっ」や「おやっ」という気づきが重要です。このように気づいたら、子どものふるまいや生活の様子が違ってきている可能性が高いと考えます。そして、子どものふるまいがどうか吟味します。そして、それが望ましいものでなければ、修正するように働きかけます。

その際も、ふるまい自体を正すような働きかけではなく、言葉や言葉づかいに対して働きかけるようにします。欧米の映画やドラマを見ていると、そうしているシーンをよく目にします。それと同じようにすることで、子どものふるまいが変わります。

【2】自分の呼び方

子どもの言葉や言葉づかいの中で、まず着目したいのは、自分自身のことをどう呼んでいるかということです。男の子なら「ぼく」、女の子なら「わたし」が一般的ではないでしょうか。これは、そうでなければならない、ということではありません。逆になってもかまわないでしょうし、子どもが幼いときには自分の名前をそのまま言うこともあるでしょう。

ただ、[1]で述べたように、この呼び方が変わることに注意しなければなりません。例えば、男の子で、それまで「ぼく」と呼んでいたのが、「おれ」に変わるようなときです。

「昨日、ぼくが遊んでいるとき、友達がじゃましてきた」
「昨日、おれが遊んでいるとき、友達がじゃましてきた」

「おれ」になると、「友達がじゃましてきた」も、「あいつがじゃましやがった」に変わるかもしれません。その方が「おれ」にピッタリくる感じがします。また、言い方も「ぼく」のときとは違ってくるでしょう。よりピッタリした言い方に変わるのです。

この「ピッタリくる感じ」というのが、子どもが選ぶ服装やふるまいにまで影響します。つまり、「おれ」にピッタリくる服装を着るようになり、「おれ」にふさわしいふるまいをするようになります。まさに「エクリチュールの囚人」「言語の囚人」となるわけです。

この自分の呼び方の「おれ」ですが、近年気になっています。というのも、いつの頃からかはっきりしないのですが、幼年化しているように感じるのです。昔は、中学生や高校生ぐらいに「おれ」に変わっていたように思います。それが近年は、小学校低学年でも使っています。もっと幼い幼児期に使っているのも聞いたことがあります。

おそらくテレビやゲームの影響だと思いますが、子どもが「おれ」を使うことや使ったことによる影響に、十分な注意が必要です。それは、その子どもの発達段階と言葉や言葉づかいによる影響が合わないことも生じるからです。そんな場合は、「おれ」を使わせないことも、考えなければなりません。

一方、自分のことを名前で呼んでいる場合はどうでしょう。やはり、幼い感じを受けます。ふるまいにも幼さが影響するでしょう。子どもが幼いときはそれでもいいとして、ある程度発達や成長してきたら、使わないようにするのがいいのではないでしょうか。もちろん、私的な状況や公的な場面で使い分けることがあってもいいと思います。

また、親や兄弟姉妹などの家族をどう呼んでいるかにも着目したいです。これも最近の傾向かもしれませんが、年下でありながら兄や姉を、名前で呼ぶことが少なくないようです。これは、兄弟の上下の関係が崩れている表れかもしれません。

もし、そうであるなら、兄や姉の呼び方について指導しなければならないでしょう。

もちろん、上下の関係を曖昧にしたいような場合は、あえて名前で呼ぶようにするという方法もあるでしょう。例えば、「おばあちゃん」や「おじさん」と呼ばれたくない、年寄りと思われたくないということから、名前に「さん」をつけて呼ぶようなことがあってもかまわないと思います。

さらに、友達のこともどう呼んでいるのか注意したいものです。例えば、「君・さん（ちゃん）」をつけて呼んでいるのか、愛称で呼んでいるのか、呼び捨てやあだ名にしているのか、などです。そして、それらが不適切な場合は、子どもの気持ちに寄り添いながらその理由を説明し、使わせないようにしたいものです。

【3】パターン化しない言葉

子どもは、同じような出来事や状況では、パターン化した言葉を使うことがあります。時には、それを親や教師が要求することもあります。

「こんな（悪い）ことをしたら、どうすればいいの？」

「謝る。……ごめんなさい」


また、大人は子どもに反省させることも少なくありません。


「こんなことをしたら、相手はどんな気持ちになると思う？」

「嫌な気持ち」

「そう、だったら反省しなさい」

「悪かったです。ごめんなさい」


これらが繰り返されると、型にはまった言い回しとして習慣化されます。すると、最初は「悪かった」と思っていた気持ちも薄らいでいきます。そして、「こんなときにはこう言えばいい」というパターンが出来上がるのです。そこには、悪かったという気持ちや謝罪の意はありません。

一方、パターン化された言葉を聞いた大人は、簡単に納得してはいけません。

（とりあえず、悪いと思っているな）

（反省しているから、まあいいか）

このように思うと、そこで思考は停止してしまいます。そして、一件落着となり、子どもも思考停止になります。それでは、何がどのように起こって、どこに問題があったのか、どうすればよかったのかなどは分からないままとなります。

つまり、大人は簡単に納得してはいけないし、子どもに容易に謝らせたり反省させたりしてはいけないのです。では、どうするのか。それは、これまでも述べてきましたが、一例を挙げると次のようになります。

「この出来事は、何が始まりで、どうなっていったのかはっきりさせよう」

「最初やそのときどきの気持ちについて考えよう」

「（共感的に）そうか、そんな気持ちだったんだ」

「そのときの相手の気持ちはどうだろう。そして今のあなたの気持ちを一緒に考えよう」


共感的に事実とそのときの気持ちをはっきりさせます。そして、相手がいれば相手の気持ち、それとともに子ども自身の気持ちを考えさせるようにします。はっきりさせたり考えさせたりするということは、それらを言語化するということです。言語化することで、それに合ったふるまいをさせることができます。つまり、子どものふるまいが変わるのです。

【4】明るいあいさつ

あいさつが大切であることは、一般によくいわれることではないでしょうか。それは、家庭でも学校でも、また社会全般においてもよくいわれます。特に、学校などでは、それをスローガンにして子どもに実行させようとしたり、生徒会や児童会などが校門に立ってあいさつ運動をしたりします。

このようなあいさつ運動に否定的な人もいるでしょう。それは、この運動があいさつを強要しているように感じるからだと考えられます。確かに、無理やりやらされるあいさつは、子どもにしても気分のいいものではないでしょう。

しかし、暗い気分のときでも、元気にあいさつすることで、その気分が晴れるということもあります。また、無理やり明るいあいさつをすることで、明るい気持ちになることもあるのです。これは、笑顔と気分の関係に似ています。

笑顔は、気分がいいとき楽しいときに自然と出る表情です。しかし、暗い気分のときや落ち込んでいるときなどに、無理やりでもいいから笑顔の表情をつくると、気分が晴れるということがあるのです。あいさつにも、このような内面を切り替える機能があります。

それだけでなく、子どものあいさつからは、いろいろなことを理解することができます。その日の体調や気分が良ければ、声も大きくはっきりとしたあいさつになります。逆に、家を出るときに何かあったり、学校で心配事があったりするようなときは、声も小さく暗いあいさつになります。つまり、あいさつには、子どもの状態や心理を理解することを可能にする機能もあると言えるのです。

以上のように見てくると、あいさつには、「内面を切り替える」機能と、「内面を理解する」機能の二つがあることが分かります。前者の機能はあまり知られていませんが、明るいあいさつをすることで気持ちが明るくなり、それ以降のふるまいを変えることができます。その効果を子どもに実感させるために、次のような練習をします。


「まず、暗いあいさつをしてみましょう」

「(暗い声で)　おはようございます」

「次に、今度は明るいあいさつをしてみましょう」

「(元気に明るく)　おはようございます」

「どうでしたか？　違いはありましたか？」

実際に声に出して、暗いあいさつと明るいあいさつを比べさせます。そして、その違いを比較させることで、明るいあいさつへの気づきをうながすようにします。

「明るいあいさつをすると、気分が明るくなる」
「明るいあいさつの方が、楽しく感じる」

家庭でも学校や教室でもやってみると、楽しい練習となります。そして、このような気づきをした子どもは「明るいあいさつ」をするようになり、子どもの気持ちや行動を変えることになるのです。

［5］返事

子どもの名前を呼んだときや、何かを頼んだり指示したりしたときに、その反応となるのが返事です。大抵の場合「はい」と返事をするでしょう。そして、大人はそれを期待するでしょう。しかし、子どもと親しいときや、子どもが素直に聞き入れてくれないようなとき、返事が曖昧になったり返事をしなかったりします。曖昧な返事とは、「えー？」「うん」「あー」などです。

そのような返事を聞いたとき、次のように思うかもしれません。

(聞いているからいいか)
(いつものことだから)

もちろん返事がないと、聞いているかどうかを確かめたり同じ話を繰り返したりすることになります。そうすると、子どもはただでさえ素直に聞き入れようとしていないのに、それを確かめられたり繰り返されたりするので、余計に聞こうとはしなくなります。曖昧な返事でも、大人がそれで納得すれば、そのままになってしまいます。それが習慣化して、はっきりとした「はい」という返事は聞かれなくなっていきます。

しかし、返事にはあいさつと同様に二つの機能があり、それらをうまく活用することで、子どものふるまいが変わります。

その一つが、返事から子どもの内面を理解するということです。曖昧な返事から、（「はい」というのが照れくさいのかな）や（頼んだことが面倒くさいのかな）のように、理解できます。もう一つが、「はい」と返事をさせることで、元気さや素直さを喚起し、子どものふるまいを変えるということです。どんな状況でも、子どもにきちんと返事をさせることで、元気で素直なふるまいをさせることができます。

私は若いときに、少女バレーのコーチをしていたことがあります。他チームの中に、大会などでいつも優勝したり上位にいたりする強いチームがありました。自分のチームも強くしたいと、そのチームの監督に話を聞きました。


「どうすれば、そんな強いチームが作れるんですか。何か特別な練習があるんですか？それとも練習量ですか」

「練習の仕方や練習量は、他のチームとそんなに違わないよ。そうだねぇ、……きちんと返事をさせることかな」

聞いたときは、（えー、そんなこと）と思いましたが、よく考えてみると、「はい」と返事ができるということは、監督やコーチの言うことを素直に聞けるということなのだと気づきました。素直に聞くことで、それをプレーに反映することができ、技術が向上していくわけです。

「はい」という返事の効果は、教師にも有効です。授業で指名したり生活面で指示を出したりするときに、きちんと返事ができるように指導します。特に授業では、子どもの発言の声量を確保するのに活用できます。次のような言葉がけです。

「今、『はい』と言った声の大きさで、言ってごらん」

【6】お手伝いや掃除

家事などを分担するお手伝いも、子どものふるまいを変える一つの方法となります。

それを意図してか、学校教育でも家庭におけるお手伝いを推奨したり、課題にしたりします。しかし、お手伝いには重要なポイントがあります。それらを踏まえないと、ふるまいへの効果はあまり期待できません。そのポイントは次のようなものです。

・一時的なものでなく、毎日決まってできることをお手伝いにする。
・忘れたらみんなが困ることになるお手伝いにする。

一つ目のポイントは、大人が何かをしているときに、「ちょっと手伝わせるようなことをお手伝いとしない」ことを意味しています。もちろん、そのような一時的な手助けもお手伝いになります。しかし、それはそのとき限りであり、子どもの内面の根本的なものを変えるものではありません。

そこで、一日のルーティンとなっているような家事の中から、毎日できることをお手伝いに選ぶようにします。そうすることで、子どもは自分も家族の一員であることや、家族の役に立っているということを、強く意識するようになります。

二つ目のポイントは、子どもがお手伝いを忘れても、誰かが代わりにしないということを意味しています。誰かが代わりにやってしまうと、子どもは次のように思います。

（忘れても誰かがやってくれる）

このように思うということは、子どもが家族に依存していることであり、それが繰り返されると、お手伝いを忘れても平気になってしまいます。

そうならないように、子どもがそのお手伝いを忘れたら、家族みんなで困るという状況にします。その様子を見て、子どもは次のように思います。

（自分が忘れたら、みんなが困る）
（みんなが困らないように、きちんとやろう）

このように思い、責任感が身につきます。例えば風呂掃除などは、忘れるとみんながお風呂に入れず、なかなか厳しいと思います。そのようなお手伝いの場合は一度みんなで困り、そのあとに子どもにきちんとやり切らせるようにします。もちろん、子どもと一緒に家族の誰かがするというのでもいいでしょう。

以上の二つのポイントを押さえてお手伝いをさせると、子どもの自己責任能力が高まります。

学校教育現場の問題の一つに、忘れ物があります。忘れ物を減らそうと忘れ物調べなどをしますが、効果がありません。なぜなら、忘れ物をするというのは、不注意やせっかちなどが原因ではなく、この自己責任能力が未熟なことが原因だからです。ですから、子どもの自己責任能力を高めれば、忘れ物は減っていきます。

お手伝いとともに、子どもにきちんとさせたいのが、掃除です。陰日向なく、コツコツと掃除できるということも、自己責任能力の表れです。ですから、掃除をきちんとできるようにすることで、子どもの自己責任能力を育むことができるのです。

Ⅵ 子どもの思考が変わる

1　効果のない言葉がけ

【1】大人の答えを当てさせる

子どもに何かを考えさせようというとき、親や教師は問いかけます。

「今日の夕飯は、何だと思う？」
「この物語の登場人物は、誰でしたか？」

これらの問いかけは、夕飯や登場人物について考えさせているように見えます。しかし、実際は、大人が持っている答えを当てさせようとしています。これでは、子どもはその答えを探したり見つけたりするだけです。その際に、推理したり思い出したりはするでしょうが、物事を深く広く考えることにはなりません。

少し利発な子どもであれば、尋ねている大人の表情やそぶりに目を向け、正解かどうかを見極めようとします。それが繰り返されると、大人の顔色を見るようになります。このような問いかけは、子どもの思考する力を高めるどころか、自主的に考える力も高めることはできません。

そして、子どもがなかなか答えにたどりつかないとき、大人がよく使う言葉が、「他に」です。子どもの答えが違っている、つまり大人があらかじめ持っていた答えと合わないときに、「他に？」と問い返すわけです。

「このときの彼はどんな気持ちだったと思う？」

「悲しかったんじゃない？」

「他に？」

「寂しかったのかなぁ」

「他に？」

……

このように、それが何度も繰り返されると、「他に」「他に」「他に」と、まるで「他に病」にかかったようになります。

特に学校教育では、子どもの思考する力を高めることをねらいの一つにしています。にもかかわらず、このような問いかけをしていると思考する力は高まりません。もちろん、このような問いかけにも意味がないわけではありません。例えば、子どもの注意を引くとか、その場を盛り上げるとか、いろいろあります。しかし、それらは、子どもが思考することとは関係がありません。

まずは、子どもに考えさせようというときには、大人の答えを当てさせるような問いかけをしないようにします。子どもの思考は幼く未熟かもしれませんが、柔軟で多様です。ですから、そのような思考が生まれるような状況を作り出すことが、次に重要となります。そして、大人が持っている答えと違っても、いい考えだと思えば、それをきちんと受け止めるようにします。大切なことは、柔軟で多様な子どもの思考をきちんと認めることなのです。

【2】 問いを重ねる

「他に病」もそうですが、子どもに考えさせるときに、問いを重ねることがあります。最初の問いで答えがなかなか見つからないときや、子どもの反応が鈍いときなどに、次の問いかけをします。その際には、問いの内容を少し簡単にします。あるいは、ヒント的なことを付け加えることもあります。そうすることで、答えに気づかせようとするわけです。それでも、子どもが答えられないと、大人はさらに簡単な内容の問いかけをします。そうやって、問いがどんどんと増えていきます。

この問い重ねは、学校の授業や個別指導の中で、特によく見られます。

「『あめ玉を一人十四個ずつ四人に配ると、全部でいくつ必要ですか？』という問題で、式はどうなる？」

「……」

「難しい？　じゃあ、図に描くとどうなる？」

「……」

「一人十四個だから……」

「……」

「このかたまりが、いくつあるの？」

「……、四つ？」

最初の問いは、式を立てさせようとしています。しかし、子どもの反応がないので、教師はもう少し簡単な問いにしようと、どんな図になるかと問いかけています。それでも、反応がないから、「一人十四個」というのを示して、それが四つあることから、「十四×四」という式に導こうとしているわけです。

しかし、このときの子どもの考えはどうでしょう。

最初の問いについて考えていましたが、難しいと感じながら考え続けていました。その途中に、次の問いが投げかけられます。ある程度考えているところへ、次の問いです。また、一から考えなければなりません。

そして、図について考えている最中に、ヒントや次の問いが重なってきます。また、一から考え直しです。「考えている途中に次の問い→その問いを考えている途中にまた次の問い」というのが、繰り返されていくのです。

これでは、子どもはじっくりと考えられません。それどころか、時間もかかってしまいます。そうなると、考えることが嫌になってしまい、考える力はつきません。

家庭でも同様に、問いを重ねることがあります。それは、質問に対して子どもがきちんと答えないときや、反応しないようなときです。質問に効果がないことは、すでに述べました。その効果がない方法を繰り返しても、効果が上がることはありません。それどころか、繰り返されることが面倒になったり、しつこく感じるようになったりします。そうなれば、考えるどころではなくなります。反感や反発を招き、関係が悪化します。

つまり、学校でも家庭でも、一つの問いかけをしたら、それについて子どもの考える時間を確保するようにします。簡単に言うと、教師や親は、一つの問いかけをしたらじっと待つのです。また、問いかけも、それだけで考えることができるようなものへと、工夫しなければなりません。

2　思考を深めたり広めたりする言葉がけ

【1】「それもいいね」

子どもが何か行動や表現をし、それが優れていたりいいものだったりしたときに、それをほめたり認めたりする言葉がけをします。

「今の、いいね！」

「それが、いいね！」

子どもの行動や表現に心からすごいと思ってかけるほめ言葉や、それを評価する言葉がけですが、このような言葉がけでは、子どもの考える力は育ちません。というのも、このような言葉がけをされた子どもは、次のように思うからです。

（そうか、今のでいいのか。次からもそうしよう）

（なるほど、これがいいのか。じゃあ、そうすればいいな）

子どもは、良いと評価され、それ以上を目指さなくなります。つまり、これらの言葉がけが、子どもの思考を停止させているのです。そこで、たった一字工夫するだけで、子どもの思考を推し進めるような言葉がけがあります。

「今のも、いいね！」

「それも、いいね！」

前者は、「今の」に「も」をつけ加えただけです。また、後者は、「が」を「も」に置き換えただけです。しかし、これらの言葉がけが、子どもの思考をうながします。それぞれ、前の例と比べてみると、分かりやすいと思います。「も」をつけ加えたり、「が」と置き換えたりするだけで、子どもの受け取り方は全く違ってきます。

（「今のも」っていうことは、他にもいいのがあるのか）

（「それも」っていうことは、それ以外にもいいのがあるかもしれない）

このように思った子どもは、他にいいものやより良いものを探そうと、考え続けることになります。そして、それらを見つけて行動したり表現したりしたときに、また、「いいね」と認められることで、また考えるようになります。この繰り返しが、子どもに考えることを続けさせ、考える力を伸ばしていきます。

これとよく似た連続して考えさせる言葉がけとして、「他にない？」や「もっといいのは」なども考えられます。しかし、これらは、子どもの行動や表現を肯定していないように聞こえます。それでは、子どもは自ら考えようとはしません。

やはり、「いいね」と肯定的に評価しつつ、「それも」をつけ加えることが重要です。そうすることで、子どもは自ら思考を連続させていくのです。

【2】言い換える

子どもの気持ちを尋ねると、一言で終わることがしばしばあります。そして、それがパターン化していきます。それがよくないことは、すでに述べた通りです。そこで、子どもが具体的に考えることができるような言葉がけをします。

「今、どんな気持ち？」

「うれしい（悲しい・腹が立つ等々）」

しかし、ここで話を切り上げてしまうと、子どもはそれ以上考えません。そのときの気持ちを一言で説明して終わってしまいます。それが、子どもの思考や表現をパターン化することにもつながりかねません。そこで、そのときどきの子どもの心情に配慮しつつ、次のようにうながします。

「別の言葉で言ってごらん」
「別の言葉に言い換えてごらん」

「うれしい」と思うのであれば、それを別の言葉で言い換えさせます。できれば、どのように「うれしい」のか、どれくらい「うれしい」のかなどを考えさせるようにします。最初は、単に「すごく」や「とても」などを付け加えるだけでもかまいません。

子どもがなかなか思いつかないときは、大人がいくつか例を示してやります。その例の中から、ピッタリくるものを選ばせるようにします。これは、単に言い換えるということだけでなく、そうすることが子どもの語彙を増やすことにもつながるのです。そして、語彙が増えれば、子どもはより深い思考をするようになります。

さらに、言い換えるときに比喩などを使うと、思考がより豊かになります。例えば、

「うれしい」を「まるで飛び跳ねているような気持ち」のように言い換えます。また、他の似ている状況や経験とつなぐような、「あの～のときと同じくらいの気持ち」や「～したときに似たような気持ち」のような言い換えも、思考が深まります。

学校などの授業でも、この言い換えを活用することで、思考を深めることができます。教室には、複数人数の子どもや生徒がいます。一人の発言に他の子どもが、どのように応えるかで、教室全体の思考が深まったり深まらなかったりします。

「同じです」や「なるほど」などの応え方では、思考は深まりません。この一言で終わってしまい、子どもはそれ以上考えないからです。これは、前述の例と同じです。もし、そのような応え方をしたら、次のように問いかけます。

「どこが、どのように同じなのですか？」

「何に、なるほどと思ったのですか？」

そして、別の言葉で言い換えるようにします。そうすることで、子どもは一人の発言に言葉をつけ加えたり、似たような言葉に言い換えたりするようになります。つまり、子どもの思考が次々と進んでいくことになり、教室全体として思考が深まるのです。

【3】比べる

子どもだけに限りませんが、一つのことについてどう思うか、どう考えるかと問われても、それに答えるのはなかなか難しいものです。そのことについて豊富な知識や経験があれば、それらをもとに考えることができるかもしれません。しかし、それらが不足している子どもにとっては、考えることがより難しくなります。そうなると、思考は進まず、滞ってしまいます。

そこで、二つ以上のことを比べさせるのが有効です。

「やるのとやらないのと、どう違う？」
「AするのとBするのと、何が違う？」

前者は、肯定と否定を比較する考え方をうながしています。そして、後者は、二つの選択肢を提示して、それらを比較する考え方をうながしています。二つを比較することは、何もないところから考えるより、考える対象がはっきりしているので、考えやすくなります。

それだけでなく、比較することで、同じところに気づいたり違うところを見つけたりすることになります。つまり、類似点と相違点に気づくということです。このような思考から、分類する（分ける）思考や統合する（まとめる）思考が身につきます。

この分類することと統合することは、それぞれ別の思考のように思われるかもしれません。しかし、分類するということは、類似点や相違点をもとにして分けることです。そして、分けられたものは同類としてまとめられます。つまり、分類することと統合することは、同じ思考に基づいているのです。

比較させることは、分類や統合などの思考だけでなく、想像する力にも有効です。

「これがあるのとないのとで、イメージはどう違いますか?」
「これを別の言葉に置き換えると、イメージはどう違いますか?」

前者は、あるときとないときを比較させる問いかけです。そして、後者は別の言葉に置き換えて比較させる問いかけです。どちらも、一つのものやことから想像するより、豊かに想像することができます。それぞれ、前者を「取り除いて比較する」、後者を「置き換えて比較する」と呼んでいます。

そして、この比べて思考したことや想像したことを、[2]で述べたように、さまざまな言葉で言い換えることで、それぞれの思考や想像は、より豊かになります。

また、教師であれば、授業でこの比較の思考法を有効に活用することができます。さらに、比どの教科でも、比較させることでより豊かに思考させることができます。さらに、比べて思考させたあとに、このような考え方を「比べる」「比較する」という、と説明します。つまり、比較して考えると同時に、その考え方が比較であるということを理解させるのです。

このようにすることで、子どもは思考の道具を獲得したことになります。そして、その道具を使って、自ら考えるようになります。これは、この章で述べている方法全てに共通していえることです。たくさんの思考の道具を身につけた子どもは、より豊かに思考することができるようになります。

【4】順序立てる

子どもに、何があったのか、どう思うのかについて問いかけても、その答えがごちゃごちゃして何を言っているのか分からないときがあります。このようなとき、子どもは自分の思考がきちんと整理できていないことが考えられます。頭の中が混沌としていたり混乱したりしているのです。また、考えていることや言いたいことはあるものの、それをどのように言えばいいのか分からないということも考えられます。

そこで、順序立てて考えさせる言葉がけをします。そうすることで、整理した考え方ができるようになります。そして、順序良く話すことも可能になります。それに対して、「何を言ってるのか分からない」と非難したり、「順序良く考えなさい」と強いたりしても効果はありません。なぜなら、子どもはどうすれば順序良く考えられるのか分からないからです。

やはり、大人が具体的にこうすれば順序立てて考えられるということを示さなければなりません。それには、つなぎ言葉を活用するようにします。

つなぎ言葉には、いろいろな種類があります。代表的なものとして、「だから」や「すると」などの順接、「しかし」などの逆接、「そして」などの添加、列挙や言い換え等々、文法的にはさまざまです。それらを組み合わせて、順序立てられるようにします。

最初は問いかける形で、つなぎ言葉について理解できるようにします。

「まず、何が言いたいの?」
「次に?」
「そして?」
「また?」

「だから？」

このとき、「おうむ返し」させると、より有効です。


「まず、何が言いたいの？」

「まず、～があって、…だった」

「次に？」

「次に、～して、…になった」

「そして？」

「そして、……と思った」

……


大人が使ったつなぎ言葉を、子どもはそのまま用いて、そのあとに言いたいことを言うようにするわけです。このようにすることで、つなぎ言葉それぞれにどんな意味があるのか、どの順で使うかなどを理解します。

理解した子どもは、つなぎ言葉を用いて思考するようになります。そのことが、思考を整理したり順序立てたりすることにつながり、子どもの思考が変わります。具体的には、頭の中で、つなぎ言葉を用いて表現しているということです。表現というと、外に出るものばかり考えがちですが、頭の中でも行っています。頭の中での表現が、思考することなのです。

［5］関連づける

子どもの思考が未熟で未発達な段階では、一つのものやことから思考しがちです。目の前のものや、たった今経験したことなどについて考えます。しかし、これでは深く思考したり多様に考えたりすることは難しく、やはりいくつかのものやことを関連づけて考える力が必要となります。

関連づけて考えることの最初として、**「根拠」**や**「原因と結果」**の関係が挙げられます。

ほとんどのものやことには、何らかの理由や原因があります。時に、子どもは「別に理由なんかない」のように言うことがあります。そんなときは、どんなことにも理由があることを示したり説明したりして、根拠づけられるようにします。また、今の出来事が何に起因するのかを考えさせることで、原因と関連づけることができます。この思考をうながす言葉がけは次の通りです。

「どんなことにも理由があるから、一緒に考えよう」
「今回の原因は何か、考えてみよう」

次に、いくつかのものやことを関連づけて、共通する性質から一つの結論を導き出すような関連づけがあります。一つのものやことから結論づけようとすると、間違ったり独りよがりになったりしがちです。そうならないように、複数のものやことを関連づけるわけです。そのための言葉がけが、次のようなものです。

「このときは〜だった？　あのときも、あのときもそうだった。ということは？」

そして、**「たとえる」「類推する」**ことも、関連づける思考となります。何かをたとえようとすると、目の前のものやことと類似している別のものやことを探さなければなりません。例えば、頬の赤さをたとえるときに、同じ赤いものを探して、「りんごのような」や「夕焼けに染まったような」とたとえます。また、過去のものやことと類似している点から、他を推し量るのが「類推する」ことです。これも、類似している点を関連づけようとしているといえます。

「〜のような（たとえ）を付け加えると、どうなる？」
「これまでのことから、これはどうなるだろう」

この関連づける思考は、大人が子どもを理解するときにも重要です。目の前の行動や会話だけで理解しようとすると、誤解することがあるからです。このような理解は、子どもを点で理解しようとしていて、それまでの行動や会話との関連づけを行っていないのです。

そこで、子どもの行動や会話でいつもと違うと感じた場合、それらを記憶するようにします。この段階では、まだ何らかの評価や判断をしません。もし忘れてしまいそうなら、何かに記録を残すといいでしょう。そして、しばらく経ってから、その記憶や記録を関連づけながら子どもの感情や思考を分析するようにします。

このような理解は、先の点で理解することとは異なり、線や面で理解することになります。そして、その方が子どもを正しく理解することができるのです。

【6】垂直思考と水平思考

ここまで述べてきた思考は、論理的に、そして分析的に考えるものでした。このような思考は、一つの考えを深く掘り下げていくものであり、垂直思考といわれています。いくつかの情報や根拠をもとに論理的に考えるもので、「ロジカルシンキング」

とも呼ばれます。

これとよく似たもので、「クリティカルシンキング」が、学校教育現場で一時期流行しました。これは文字通り「批判的思考」と呼ばれ、何でもかんでも批判することがいいようにいわれていました。しかし、実際は「クリティカルシンキング」も論理的な思考であり、「ロジカルシンキング」の一つなのです。

垂直思考と異なるものとして、水平思考があります。これは、エドワード・デボノが提唱したものです。これまでの論理にとらわれず、全く別の観点や視点から多様に考える方法です。多様に考えることで新しい発想が生まれるので、創造的な思考とも呼ばれています。

この水平思考を身につける手立てとして、「水平思考クイズ」というものがあります。クイズの出題者は、ある状況や結論を問題として出します。それに対して、回答者は「はい」か「いいえ」の答えが返ってくるような質問を繰り返します。そうして、問題となった状況や結論に至るストーリーを導き出すというものです。

例として、一つ問題を出しましょう。

「先生に『ノートを出しなさい』と叱られたタロウ君は、机の中を探して机の上に出しました。それなのに、それまで怒っていた先生は、大笑いをしました。なぜでしょう」

この問題に、回答者は出題者に対して「はい」か「いいえ」が返ってくるような質問をします。

「ノートは、普通のノートでしたか？」…「はい」
「ノートを教科書と間違えていませんでしたか？」…「はい」
「ノートは、机の中にありましたか？」…「いい質問です。いいえ」
……

このようなやり取りを出題者（大人）と回答者（子ども）で行いながら、答えに近づいていくというものです。出題者は、「はい」「いいえ」の他に、「とてもいい質問ですね」や「（答えに）近い／遠い」などと答えてもかまいません。また、なかなか回答にたどりつけそうにないときは、ヒントを出すこともあります。ちなみに、この答えは、次の通りです。

「タロウ君は、ノートを忘れていたことに気づき、手だけを机の上に出した。それが『お手』をしているようだったので、先生は大笑いをした」

このクイズでは、問題に対して、多様な視点から質問を作らなければなりません。この質問同士には関連性があってもなくてもかまいません。むしろない方が多様に考えることができ、その意味からも水平的な思考といえるのです。

そして、「はい」「いいえ」の返答から回答を導き出すわけです。その答えの意外性から、子どもは興味を持ってクイズに取り組みます。その中で、水平的な思考が身についていきます。

おわりに

ある学級を担任していたときのことです。保護者会で一人の保護者から、

「最近、うちの子どもは反抗期なのか、親の言うことを素直に聞いてくれません」

という話がありました。そんなときに、本書の「質問」しないことや「共感的な言葉がけ」などを紹介しました。

すると、その方は、

「早速試してみます」

と、笑顔で帰っていかれました。

また、校内研修会に講師として参加させていただいたとき、若い先生から、

「子どもとどう関わればいいのか悩んでいます」

と相談されました。それに対して、右の内容に加えて、「自主性を育む指示の出し方」を紹介しました。後日、その先生から

「試してみて、うまくいきました」

と、聞きました。

このように、本書で紹介した言葉がけは、多くの親や教師にとって役に立つものだと自負しています。

Ⅰでは、子どもが素直に、そして意欲的に聞くようになることを、Ⅱでは、子どもが自ら進んで話すようになることをまとめました。そして、ⅢとⅣでは、子どもが自主的に行動し、自立するようになるための言葉がけを説明しました。さらに、Ⅴでは具体的な子どもの行動が、Ⅵでは子どもの思考が、それぞれ変わる言葉がけを紹介しました。

どの言葉がけも、すぐに実践できるものだと思います。そして、中には、すぐ効果の出る言葉がけもたくさんあります。また、すぐに効果が出なくても、子どもは着実に変わっていきます。

読者の中で、子どもとの会話や関係で悩んでおられる親御さんや教師の方がいらしたら、ぜひ実践してみてください。大人が自らの態度や会話全体、関わり方全般を変えるのは、なかなか難しいでしょう。しかし、たった一字、たった一言を変えるのは、そんなに難しくないはずです。

親や教師の言葉がけが変われば、子どもが変わります。それを実感していただきたいと思います。

今回、このような形で一冊の著作物をまとめることができたのは、多くの方々の支えがあったからだと感謝しています。特に、本書の刊行に際し、幻冬舎ルネッサンスのサポートチームの皆様に細かいところまでご助言をいただきました。その適切なご指導がなければ、本書は成らなかったでしょう。記して、感謝申し上げます。

二〇二四年　三月

服部英雄

参考文献

ドロシー・ロー・ノルト、レイチャル・ハリス著、石井千春訳『子どもが育つ魔法の言葉』ＰＨＰ研究所、１９９９

諸富祥彦著『カール・ロジャーズ入門―自分が〝自分〟になるということ』コスモス・ライブラリー、１９９７

菊池省三編著『小学校発！一人ひとりが輝くほめ言葉のシャワー』日本標準、２０１２

伊藤進著『ほめるな』講談社、２００５

岩下修著『AさせたいならBと言え』明治図書出版、１９８９

エヴァ・D．フューギット著、平松園枝、手塚郁恵訳『子どもと親と教師のためのやさしいサイコシンセシス（トランスパーソナル・シリーズ）』春秋社、１９９２

樋口智香子『感情をコントロールする6つの方法』https://life-and-mind.com/emotion-control-19213、2019/10/11

内田樹著『寝ながら学べる構造主義』文藝春秋、２００２

尾木直樹・木村泰子著『「みんなの学校」から「みんなの社会」へ』岩波書店、２０１９

グウェン・ドティ著、松村京子監訳『「こころの知性」を育む―幼稚園児から中学生までの教育』東信堂、２００４

ポール・スローン、デス・マクヘール著、クリストファー・ルイス訳『ポール・スローンのウミガメのスープ』エクスナレッジ、２００４

〈著者紹介〉
服部英雄（はっとり ひでお）
兵庫県出身。県内の公立や大学附属の小学校に勤務し、2020年に定年を迎える。その間、国語科を中心とした授業実践や、学級経営のための生徒指導などで研究を積み重ね、その成果を校内研修会や研究発表会の講師として広く伝えてきた。その後、教育実践研究家として、ブログで発信したり、講師として活動したりしている。著書に、単著『活動する国語』三部作、『授業革命』（いずれも東洋館出版社）の他、共著も多数ある。

親《おや》も教師《きょうし》も今《いま》スグできる
子《こ》どもが変《か》わる〝効果的《こうかてき》な言葉《ことば》がけ〟

2024年3月1日　第1刷発行

著　者　　服部英雄
発行人　　久保田貴幸

発行元　　株式会社 幻冬舎メディアコンサルティング
〒151-0051　東京都渋谷区千駄ヶ谷4-9-7
電話　03-5411-6440（編集）

発売元　　株式会社 幻冬舎
〒151-0051　東京都渋谷区千駄ヶ谷4-9-7
電話　03-5411-6222（営業）

印刷・製本　中央精版印刷株式会社

検印廃止

Printed in Japan
ISBN 978-4-344-69046-2 C0037
幻冬舎メディアコンサルティングＨＰ
https://www.gentosha-mc.com/